中國歷史之旅

漢家天下

宋詒瑞 著

新雅文化事業有限公司
www.sunya.com.hk

目　錄

導讀

秦王朝的橫徵暴斂激起人民的反抗，導致秦的滅亡。項羽和劉邦為了爭奪天下，進行了長達五年的楚漢戰爭。最後，劉邦建立了漢朝，成為中國歷史上第一個平民皇帝。其後，西漢政權一度被外戚王莽篡奪，後來劉氏宗室重建漢朝，是為東漢。

兩漢時期是中國封建社會的第一個繁榮時期。中央集權的封建官僚制度更加完備，疆域擴大了；農業、手工業和商業繁榮；文化方面，獨專儒術，佛教文化傳入，《史記》和《漢書》相繼成書，天文、曆法、造紙、數學、醫學等都居當時世界的前列。漢朝亦通過戰爭與和親，初步實現了以漢族為中心的各族友好往來，並開闢了「絲綢之路」，加強了中西之間的經濟文化交流。

新雅文化事業有限公司於1997年第一次出版《中國歷史之旅》系列，簡明有趣的說故事手法，一直深受小讀者的喜愛。如今重新出版，除有精美的彩色插圖，還加入了「思考角」和「知多一點」兩大內容，跟小讀者分享對中國歷史故事的看法和觀點，還有延伸知識、談談一些典故的出處和古今意味等，希望小讀者們能以自己獨特的角度，細味中國歷史，論人論事。

1. 項家叔姪抗秦

你聽説過「星星之火，可以燎原」這句話嗎？別小看一點星火，它可以燃燒成燎原大火呢！陳勝、吳廣的大澤鄉起義雖然只持續了六個月，但由他們點燃的反秦烈火卻在全國各地熊熊燃燒起來，最終摧毀了秦家王朝。在這支反秦大軍中，起義最早、表現最出色的，要數是項家叔姪倆——項梁和他年輕的姪子項羽。

項羽是楚國貴族的後代，因為父母早亡，他就投靠叔父項梁。項梁是楚國名將項燕的兒子，一直想恢復楚國，為父復仇。項羽從小很聰明，讀書、武術、兵法，他都一學就會；他身材魁梧，力氣很大，一隻手就能舉起一個兩三人才抬得動的大鼎①；他的膽量大，志氣也不小，一次秦始皇巡視的車隊經過他們的住地，項羽夾在人羣裏觀看，他指着秦始皇的車大聲説：「這有什麼了不起，我也可以取代他呀！」

當時，秦皇朝的苛捐雜税和沉重勞役，壓得老百姓苦不堪言，據説，當時全國共有一千萬人，卻有

小知識

①鼎：古代炊器，多用青銅製成，圓形，三足兩耳。

二百五十萬人要去服勞役，所以各地都有百姓起兵反對秦朝。公元前209年陳勝、吳廣在大澤鄉起義後，項梁看到為楚國報仇的機會已到，便和項羽一起殺了**會稽**①的郡守，佔領了會稽，召集起八千名年青人，稱為子弟兵，起兵反秦。

這時，傳來消息說陳勝被秦將章邯打敗。項梁就帶着八千子弟兵渡過長江北進，乘虛攻打章邯的後方，進展順利；他們又渡過淮河，繼續進軍。一路上各地一些零散的反秦隊伍都來投靠項梁，不久隊伍就發展到六、七萬人。

前來投靠項梁的隊伍中，有一支百來人的隊伍是由劉邦帶領的，關於劉邦的故事我們下節再詳細講。

正當項梁的隊伍在勝利進軍時，卻傳來了陳勝吳廣相繼被殺害的消息。這樣，各地起義軍的領導權都落在舊六國貴族手裏，他們彼此爭奪地盤，鬧得四分五裂。秦將章邯和李由就想趁機把起義軍一一擊破。

在這緊急關頭，項梁召開了起義軍首領會議，決心整頓起義軍，並推舉首領。

這時，有個七十來歲的老人叫范增的趕來獻計。他說：「當年楚懷王被騙去秦國，一去不返，死在秦

國，楚國人至今懷念他。如果我們擁立楚懷王的後代為王，就有號召力，一定能吸引更多人起來抗秦。」

項梁覺得他説得很有道理，便到處尋訪楚懷王的後代，結果在民間找到了正在替人放羊的懷王的孫子熊心，便立他為楚懷王。果然，又有很多人趕來參加項梁的起義隊伍。

項梁整頓起義軍後，接連打了幾個勝仗，打敗了秦將章邯。項羽和劉邦率領另一支隊伍也大破秦軍，殺了秦將李由。章邯見形勢危急，請秦朝增派援軍。正在這時，項梁被勝利衝昏了頭腦，驕傲起來，認為秦軍沒什麼了不起，放鬆了警惕，結果在章邯的猛烈反攻下吃了敗仗，項梁自己也戰死了。項羽和劉邦只能退了下來，採取守勢。

章邯見楚軍元氣大傷，就暫時撇下他們，轉頭渡黃河去攻打**趙國**②。趙王逃到**巨鹿**③，被秦軍圍困，向楚懷王求救。

小知識

①**會稽**：今江蘇省蘇州市。

②**趙國**：這個趙國不是戰國時代的趙國，而是趙歇新建立的政權，他自稱趙王，都城是邯鄲。

③**巨鹿**：今河北平鄉西南。

此時，楚懷王正考慮要派人向西進攻秦都咸陽，項羽急於要為叔父報仇，要求帶兵去攻。但是一些老臣子對懷王說：「項羽脾氣太暴躁，殺人很多；劉邦倒是個忠厚人，不如派他去。」正好趙國來討救兵，懷王就派宋義為上將軍，帶着次將項羽、末將范增北上救趙，牽制秦軍主力；同時又命令劉邦率兵西進，直攻咸陽。懷王並當眾宣布：誰先滅秦，誰就做關中王。

宋義帶軍到了安陽後，聽說秦軍聲勢浩大，就駐紮下來不再行進，希望等秦軍在攻趙中消耗些兵力，再作打算。因此，宋義不但按兵不動，還連日大擺宴席飲酒作樂。項羽屢次去請戰，認為現在去攻秦軍，與趙軍內外夾攻可以取勝，但宋義卻回答道：「在戰場上衝鋒陷陣，我及不上

你；但出謀劃策，你卻比不上我呀！」他又下了一道命令：「將士中有誰不服從命令的，一律按軍法砍頭！」這很明顯是在警告項羽。

火爆性子的項羽實在忍受不了，一天早上，他衝進宋義住的營帳，拔劍砍死了宋義，提着他的頭對將士宣布：「宋義背叛大王，我奉懷王密令把他處死了。」

將士們大多是項梁的老部下，早就不滿宋義的所作所為，所以都表示願意服從項羽的指揮。項羽先派先鋒隊渡過漳河，去切斷秦軍的運糧路線，然後他率領主力部隊渡河去解救巨鹿之圍。

楚軍全部渡過漳河之後，項羽命令每個士兵帶好三天的乾糧，叫大家把渡河的船全部鑿沉，把煮飯用的

釜①全都砸破，又燒了軍營，以表示有進無退，三天以內，誓死奪取勝利的信心和決心。

「破釜沉舟」的做法果然使楚軍士氣大振，經過九次激烈的戰鬥，秦軍大敗，秦將王離被活捉，章邯投降，巨鹿解圍。這一仗，楚軍擊潰了秦軍的主力，扭轉了整個抗秦戰爭的局勢。

各地趕來救趙的十幾路人馬，本來因害怕秦軍強大，都只是紮下營寨不敢與秦軍交鋒，此次見項羽軍大勝，十分欽佩。二十七歲的項羽被拜為上將軍，從此項羽成了各路反秦軍的首領。

小知識

①釜：古代炊具，通常是小口圓底，有的有兩耳。有鐵製的，也有銅和陶製的。但軍隊用的釜容量大得多，釜口也大。

2. 劉邦進咸陽城

項羽北上救趙的同時，劉邦被派去西攻咸陽。這個普通農民出身的起義軍將領攻入咸陽，一舉滅了秦，從此成了歷史上名聲赫赫的人物。真所謂「時勢造英雄」啊！

劉邦是沛縣**豐鄉**①人，在秦朝統治下做過**亭長**②。有一次，他在咸陽見到秦始皇出巡時儀仗的威風，曾羨慕地歎道：「男子漢大丈夫就應該這樣做人，才威風啊！」

劉邦雖然出身農家，但他一直不安心屈在家鄉像他父親和兩個哥哥一樣種田，所以跑出來闖天下。他為人豪爽，講義氣，所以身邊朋友很多，其中蕭何、曹參等，日後對他的事業有很大的幫助。

一次，劉邦負責押送一批**民伕**③到驪山去。一路

小知識

①**豐鄉**：今江蘇省豐縣。

②**亭長**：亭是縣下面最小的行政單位，秦朝規定十里是一亭，亭長是管理十里以內的小官。

③**民伕**：被政府從民間徵用去從事勞役的工人，也叫民工。

上，民伕不斷開小差逃走，劉邦估計這樣下去，到了驪山他也交不了差。於是一天晚上，他讓民伕們吃飽了飯，喝足了酒，對他們說：「你們到驪山去做苦工，不是累死也會被打死，現在我把你們放了，你們自找活路吧！反正我也回不去了，各自逃命吧！」

民伕們見他這麼仗義，都很感激，當即有十幾人願意跟他一起去逃亡，一路上他們聚集了百來人。

他的好朋友蕭何和曹參分別在沛縣當文書和監獄官，陳勝吳廣起義的消息傳來後，他倆派人把劉邦找了回來一起商量抗秦的事。陳勝攻下陳縣後，劉邦他們在沛縣也起兵反秦，他們殺了沛縣縣令，大家擁護劉邦為首領，稱他為沛公。

沒幾天工夫，劉邦手下已有了兩三千人，他便攻佔了自己的家鄉豐鄉。但當他帶着起義軍去攻打其他縣城時，留在豐鄉的部下叛變，劉邦深感自己的兵力不足，想到別處去借兵。正好這時張良也帶着一百多人想投奔起義軍，他們兩人一商量，決定去投奔勢力最大的項梁。

項梁很欣賞劉邦這個人才，就撥給他人馬，幫他收回豐鄉。從此，劉邦和張良都成了項梁的部下，和項

羽並肩作戰。

項梁被秦將章邯打敗犧牲後，楚王命令項羽北上救趙，派劉邦向西攻打咸陽。

劉邦率軍西征，一路上勢如破竹。在高陽一地，有個讀書人叫酈食其的前來求見。劉邦一向不喜歡讀書人，回絕了他。酈食其很生氣，派人去告訴劉邦說：「老子是高陽酒徒，不是儒生。」於是劉邦請他入內相見。

酈食其進去時，劉邦並沒有起身迎接。酈食其向他作了個**揖**①，劈頭就問：「你究竟要不要推翻秦朝，奪取天下？為什麼你輕視長者？」

劉邦趕快站起來賠禮讓坐。酈食其見劉邦能接受意見改正，就向他貢獻了一條妙計——首先去攻陳留一地，以取得軍糧。劉邦照他所說的去做，果然奪得許多糧食，解決了軍糧不足的問題。

劉邦的軍隊繼續向西南挺進，包圍了南陽郡，郡守急得要自殺。劉邦採納別人的意見，勸誘南陽郡守投

小知識
①**揖**：拱手行禮。作揖，是古代人相見時的一種禮節。

降，並封他做了殷侯。這件事影響很大，其後起義軍所到之地，秦軍望風披靡，紛紛投降，劉邦軍隊順利推進。

公元前207年十月，劉邦打到咸陽附近的**灞上**①，當時，秦二世已自殺了，他的姪子子嬰繼位才四十六天，子嬰看見大勢已去，在脖子上套根帶子表示有罪，帶着代表國家政權的玉璽、兵符和**節杖**②，乘了素車白馬，親自到灞上向劉邦投降。劉邦手下的將軍主張殺了他，但劉邦説：「當初楚懷王派我攻咸陽，就是相信我能寬厚待人。何況他已投降了，不能殺他。」劉邦收了玉璽等物，派人看管子嬰，自己就率軍進咸陽城，維持了十五年的秦朝終於滅亡了。史學家一般以此十月作為「漢元年」開始。

劉邦的軍隊進了咸陽，將士們紛紛去皇宮的倉庫搶奪金銀財寶，只有蕭何先到丞相府去，把有關**戶籍**③、

小知識

①**灞上**：今西安市東。

②**節杖**：古代使者出使時所持的憑證，是權力的象徵，這裏是代表國君權力的竹杖或木杖。

③**戶籍**：地方民政部門以戶為單位，登記本地區內居民的冊子，也指本地區居民的身分。

地圖、檔案等公文收藏好。劉邦進到阿房宮，被它的豪華氣勢迷住了，簡直不想離開。他的部將樊噲提醒他：「沛公要打天下，還是要當富翁？就是這些奢華的東西使秦朝亡了，您還要它們作什麼？趕快回軍營吧！」張良也勸他道：「你來了這裏光顧享受，就不會有明天。你能打得過項羽的大軍嗎？」

劉邦一聽，如**醍醐灌頂**①，醒悟過來，馬上命令封了倉庫，禁止搶劫，他自己回到灞上。第二天他與當地父老約定三條法令：殺人者償命，傷人者辦罪，偷盜者抵罪。並廢除了秦國的所有苛令。

百姓們聽到劉邦的約法三章，高興得不得了，大家烹肉煮酒，拿來慰勞劉邦的將士。劉邦再三辭謝，叫百姓們別破費。老百姓看見劉邦如此寬大仁慈，愛護百姓，心中十分感激，對劉邦留下了極好的印象。

小知識

①**醍醐灌頂**：醍醐是酥酪上凝聚的油，也即從牛奶裏提煉出來的精華，在佛教中比喻作最高的佛法；灌頂是澆到頭上。用以喻作灌輸智慧，使人徹底醒悟。

3. 鴻門宴

話分兩頭。再說在巨鹿打敗了秦軍的項羽聽說劉邦已攻進咸陽，氣得肺都要炸了。他認為自己比劉邦本領強、功勞大，理應先進咸陽當關中王，所以他急急率軍直奔函谷關來。

那已是公元前206年了，劉邦攻入咸陽後，派軍駐守函谷關，因此項羽的軍隊來到關前被阻，不讓入關。項羽氣得命將士猛攻函谷關。劉邦的守軍少，不一會兒就被攻破。

項羽的大軍進關後一直向前挺進，很快打到新豐**鴻門**①地方駐紮下來，離劉邦所在的灞上僅四十里地。

在進軍路上，項羽曾幹下了一件殘暴的事：大軍在新安附近時，軍內投降過來的秦兵紛紛議論說，他們的家都在關中，假如打進關去，受難的是家人；要是打不進去，自己會被楚軍帶到東邊去，關內的家人也會被秦軍殺光。項羽聽到部下報告了這事後，擔心日後管不住這些降兵，進關後他們可能會作亂，就此起了殺心。

小知識
①**鴻門**：今陝西省臨潼東面。

除了章邯和另外兩名降將以外，項羽把二十萬秦軍投降將士繳了械，統統活埋在一個大坑內。從這以後，項羽的殘暴就出了名。

項羽和劉邦分別駐紮在鴻門和灞上，項羽有四十萬大軍，劉邦手下只有十萬人，項羽若要消滅劉邦是很容易的。當時劉邦手下有個將官曹無傷，想投靠項羽，就派人到項羽那兒去告密說劉邦進咸陽是想自稱關中王。項羽的謀士范增也對項羽說：「劉邦此次進城後不貪圖財寶和美女，看來他的野心不小，恐怕要和您爭天下，不如趁早下手除了他。」

項羽就決定派兵去攻打灞上，消滅劉邦。

這事被項羽的另一個叔父項伯聽到了，項伯是張良的好朋友，張良曾救過他的命。項伯恐怕戰事一起會連累到張良，就連夜騎馬到灞上去找張良，勸他逃走。

張良說：「我是沛公的臣屬，不能在患難的時候離開他。」他便去把這事告訴了劉邦。劉邦估計自己打不過項羽，便請張良引見項伯。劉邦像對待兄長那樣敬待項伯，再三辯白自己沒有反對項羽、自己稱王的心思，他說：「我入關後造報戶籍、登記財物、封閉倉庫，等待項羽將軍的到來。我派兵守函谷關也是為了防

止出意外，我怎會有反對項將軍的意思呢？請您向項羽將軍講清楚吧，我是不敢忘恩負義的。」

項伯答應他在項羽前説好話，並且叮囑他親自去向項羽賠禮。劉邦還當場把女兒許配給項伯的兒子，兩人結成親家。

項伯回到軍中後把劉邦的話告訴了項羽，並説：「要不是劉邦先破了關中，你也不會這麼容易進關。你不能去攻打一個建了功的人，還是善待他才好。」項羽聽了，覺得很有道理，便同意約見劉邦。但軍師范增卻認為劉邦是個能人，留着始終是個禍患。

第二天一早，劉邦帶了張良、樊噲和百來個隨從來到鴻門拜見項羽。劉邦説：「我和將軍同心協力攻打秦軍，您在北線，我在南線，我自己也想不到能先入咸陽。現在有小人從中挑撥離間我們，實在太不幸了。」

項羽是個無心計的人，見劉邦低聲下氣地説話，心頭的怒火早就煙消雲散了。他脱口而出：「這都是你那裏的曹無傷派人來説的，要不我怎會生你的氣呢！」

項羽設宴款待劉邦，表示和好。項羽和項伯坐主位，范增作陪，劉邦坐客位，張良作陪。項羽頻頻舉杯勸劉邦喝酒，態度很友善。

范增在一旁一再給項羽使眼色，並且三次舉起自己身上佩戴的**玉玦**①作暗示，要項羽快下決心殺掉劉邦。但項羽只當看不見，沒有反應。

　　范增見項羽不忍心下手，便找了個藉口走出營門，找到項羽的堂兄弟項莊説：「項王心腸太軟，你進去給他們敬酒，舞劍助興，找個機會把劉邦殺了！」

　　項莊就進去敬了酒，然後説：「我給大家舞劍，

小知識

①玉玦：玦，粵音決。古時佩帶的玉器，半環形，有缺口，這裏范增指的意思是要項羽下令處決劉邦。

湊湊熱鬧吧！」說完就拔出寶劍舞了起來，舞着舞着，慢慢移近劉邦，他那把寒光閃閃的劍直逼劉邦，嚇得劉邦直冒冷汗。

　　項伯看出項莊不懷好意，生怕自己的親家吃虧，便也拔出寶劍說：「我們對舞吧。」他站在劉邦面前也舞起劍來，用自己的身體護住劉邦，使項莊下不了手。

張良見形勢危急，便找個機會溜出去對樊噲説：「形勢不妙，**項莊舞劍，意在沛公**①，看來他們要對沛公下毒手了。」

樊噲一聽急了，手持盾牌和寶劍衝進營帳。項羽見他那氣勢洶洶的樣子，按劍喝問：「這是什麼人？進來幹什麼？」

隨着進來的張良連忙回答：「這是沛公的車夫樊噲，在外面等久了，肚子餓了。」

項羽見樊噲長得虎頭虎腦的，讚了一句：「好一個壯士！」命令手下賜酒和豬腿給他。樊噲邊吃邊説：「昔日秦始皇兇暴如虎狼，所以天下人都起來反他。懷王曾與諸將約定誰先進入咸陽便為王。現在沛公進了咸陽，未動一草一木，駐在灞上等將軍來。他如此勞苦功高未得賞賜，反而有人想加害於他，真是沒天理呀！」項羽無言以對，賜他坐下。

小知識

①**項莊舞劍，意在沛公**：這句話後來成了一句成語。比喻某人的説話或行動表面上雖另有名目，實則暗地裏想乘機害人。

過了一會，劉邦藉口上廁所走了出來，張良和樊噲也跟出來，他們催劉邦趕快離開。於是劉邦留下白璧一雙給項羽，玉斗一對給范增，帶着樊噲抄小路回灞上了。過了好久，張良才帶着禮物去代劉邦向項羽辭別。范增氣得把玉斗摔在地上，用劍擊得粉碎，歎道：「將來奪天下的一定是劉邦，我們都等着做俘虜吧！」

公元前 206 年那時，項羽有四十萬人馬，劉邦只有十萬。強弱對比很明顯，但是最終劉邦還是打敗了項羽。有人說鴻門宴是個轉捩點，為什麼呢？

司馬遷在《史記》中對鴻門宴中項羽和劉邦的描寫非常生動，兩人的不同性格決定了他們的命運和歷史事件的發展。

項羽有勇無謀、驕傲自大，但又重視情義、豪邁粗放、優柔寡斷。他打敗了秦軍主力，擁有大軍，不把劉邦看作是能與自己對抗的強敵，所以在劉邦甘願前來赴鴻門宴並謙卑地表示沒有反對他的意思時，他的虛榮心得到了滿足，雖然范增一再暗示他動手殺掉劉邦，但他不忍心，還說出了告密者曹無傷的姓名。項莊和項伯的相對舞劍，目的都很明顯，但項羽毫不阻止。樊噲如此魯莽地闖入，而且出言不遜，項羽沒有加罪，反而讚他是壯士，賜他酒肉。另一邊，能屈能伸、善於應變的劉邦巧妙利用了項羽的弱點，迎合他的自大心理，才得以化險為夷，死裏逃生。對項羽來說，這正是「放虎歸山」，日後劉邦表面忍辱負重，退居漢中，但積蓄力量，終於在垓下大敗楚軍，奪得天下。所以人們說，鴻門宴是項羽和劉邦五年鬥爭的開端，卻也預示了鬥爭的結局，項羽的性格決定了他的失敗，是一位「悲劇英雄」。

4. 西楚霸王項羽

發生在鴻門的一場**劍拔弩張**①的宴會，終於化險為夷，劉邦順利返回灞上，回去後馬上把告密者曹無傷殺了。鴻門宴後，項羽和劉邦之間的緊張關係暫時緩和了下來。

不久，項羽率領部隊進入咸陽，但是，他的所作所為與劉邦截然不同：首先，他殺了早就向劉邦投降了的秦王子嬰和秦國貴族、官吏等八百多人，這一着就使他在秦地大失民心。

其次，他下令擄掠了阿房宮裏的金銀財寶和無數美女之後，把阿房宮燒掉。隨項羽進關的五十多萬兵士中，哪一個沒受過秦朝苛重的勞役之苦？他們見到了如此豪華的阿房宮，想起自己及家人所受之罪，心頭怒火升起，只等項羽一聲令下，大家就放起火來，這場火燒

小知識

①**劍拔弩張**：劍拔出了，弓張開了，比喻形勢緊張，一觸即發。

了整整三個月，把偌大的阿房宮燒成一堆瓦礫。

他們還去挖毀驪山墓，搶劫裏面的財物。總之，這支部隊在咸陽大飽私囊後才離開。項羽的所作所為使秦人大為失望。他們比較項羽和劉邦，覺得項羽野蠻殘暴，而劉邦卻寬厚仁慈，兩下一對比，人們寧願要劉邦來作新王朝的統治者。人心的向背，是日後劉邦取勝、項羽失敗的一個重要原因。

項羽取得勝利之後，並沒有順應歷史發展的潮流致力於統一全國，而是走老路，退回到秦朝以前的封建割據的舊時代去，他決定重新劃分封地，把統一的中國又拆得四分五裂。

當時，名義上的首領仍是楚懷王。項羽為了抓實權，把懷王改稱為**義帝**①，表面上尊他為皇帝，實際上是只讓他徒有虛名，一切都得聽從項羽的主張。

即使是個義帝，項羽也不讓他做長久。第二年，項羽又強逼義帝遷都長沙。遷徙途中，項羽竟派人假扮成強盜去追義帝所乘的大船，把他殺死在江中。這樣，項羽掃除了他稱王的又一個障礙。

義帝一死，項羽認為天下已定，大權在握。因為劉邦的勢力當時還遠遠比不上項羽，所以項羽自認是唯

一能夠號令天下的人。為了收買人心，他封劉邦為漢王，進駐巴蜀、漢中一帶；封秦朝的降將章邯為雍王、董翳為翟王、司馬欣為塞王，讓他們三人留在關中地區，擋住劉邦，不讓劉邦有向東發展的機會。他又分封了其他的有功將領和六國貴族，共封了十八人為王。

項羽他自己佔地九郡，建都**彭城**②，自稱是「西楚霸王」。春秋時期不是把諸侯的首領稱為霸主嗎？項羽自稱霸王，好證明自己凌駕於十八個王之上。

當時的民意是渴望統一，反對分裂。項羽的分封是一種倒行逆施的行為，也是他後來徹底失敗的根本原因。

小知識
①**義帝**：在此「義」的意思是「名義上的」，意即為只有名義上的皇帝，無實權。
②**彭城**：今江蘇徐州市。

5. 火燒棧道

項羽分封十八個諸侯，其中他最不放心的就是劉邦。

所以在一開始時，項羽僅僅分給劉邦**漢中**①的一小塊地方。劉邦想，自己在進攻秦國時出力不小，首先攻入咸陽，如今卻只得到這麼一小塊土地；而項羽卻自己獨佔九個郡這麼一大塊疆土，還自稱「西楚霸王」，高踞諸侯之上，就感到很不高興，劉邦手下諸臣將也為他抱不平，紛紛想去為劉邦說理，羣情激昂。

這時，張良勸阻了大家，他說，去找項羽論理是沒有用的，希望大家暫時忍一忍。另外，他又建議劉邦趕快準備厚禮去找項伯，請他幫忙。

果然，項伯的調解有了結果，項羽也覺得自己太薄待劉邦了，就把整個漢中及**巴蜀**②地方加封給劉邦。

其實項羽這樣做也是頗花費了心思的，因為巴蜀地處西部偏遠地區，又有秦朝三名降將的封地**關中**③擋着，等於是有人把着門擋着路，不讓劉邦隨便出入，劉邦一進入封地就好比與外界隔絕了，向外發展是很困難的事。

劉邦當然很不滿意項羽這樣的安排，他總想找機會和項羽較量一下，他手下的蕭何再三勸阻他，認為現時兵力弱小，時機未到，不要拿雞蛋去碰石頭。張良也一再對劉邦分析形勢，指出項羽的弱點和他的長處，勸他不要性急，要設法穩住項羽，暗中準備力量，等到時機成熟，就出奇制勝，一舉打敗項羽，奪取天下。

劉邦接納了兩人的意見，統領大軍，從關中浩浩蕩蕩地開往漢中去了。

走到半路時，忽然一個士兵大聲叫了起來：

「不好了，**棧道**④被人燒斷了！」

眾人回頭一看，只見剛剛走過的那條唯一的交通要道烈焰熊熊。士兵們都呆了，有幾個還大聲號哭起來。

小知識

①**漢中**：秦王朝時所設郡名，以漢江為名，今陝西秦嶺以南的地區。

②**巴蜀**：今四川省雲南省一帶。

③**關中**：指函谷關以西，陝西渭河流域一帶。

④**棧道**：古代在四川、陝西、甘肅、雲南等省山區的懸崖峭壁上鑿孔支架木樁，上面鋪木板而成的窄路，是當時西南地區的重要交通要道。

原來，這是張良的計策。他叫劉邦派人公開燒掉從關中通向漢中的棧道，目的是讓項羽以為劉邦將安心留在漢中這個偏僻的地區，不再向東去跟項羽爭奪地盤，這是麻痺項羽警惕性的手法。

　　可是，劉邦手下的士兵們卻不理解。他們見到棧道被燒了，以為斷了歸路，也失去了反攻項羽的機會，都感到十分恐慌。直到後來，韓信發展了張良的思路，採取了「明修棧道，**暗渡陳倉**①」的辦法，即是一邊派一些人假裝在修復棧道，實際上卻帶着大批兵馬悄悄從路途艱險的陳倉東進，攻佔三處秦地，取得大勝。這時才顯出這個計策的高明，令眾人欽佩不已。

劉邦在封地拜蕭何為丞相，曹參、樊噲、周勃等為將軍，發展生產，養精蓄銳，準備再和項羽較量一番，爭奪天下。

6. 蕭何月下追韓信

那還是在劉邦剛進入封地不久的事。當時,從關中來的一些士兵對巴蜀地不適應,很想念老家,每天都有人開小差,漢王劉邦心急如焚,寢食不安,卻不料又發生了一件令他吃驚的事。

一天,忽然有人來向劉邦報告:「丞相逃走了!」

劉邦一聽,難過得好比斷了自己的左右手一般。別人開小差還可理解,怎麼連跟隨自己多年的蕭何也無情無義地離自己而去,甚至連一句告別的話也沒有?劉邦百思不解,急得連飯也吃不下。

誰知到了第三天早上,蕭何卻回來了。劉邦喜出望外,隨即又責問他說:「你幹什麼去了?也想逃走嗎?」

蕭何說:「我怎麼會逃走?我是去追逃走的人。」

劉邦問:「你去追誰?」

「韓信。」

劉邦滿不在乎地說:「將士逃走的很多,別人你不追,為什麼單單去追韓信這小子?」

蕭何嚴肅地回答：「大王您不要小看他。別的將士容易得到，韓信這樣的人卻找不到第二個。大王若是只想在漢中做王，的確用不着韓信；如果想要爭奪天下，韓信這樣的人才萬萬不可少！」

劉邦歎了口氣：「我當然是想得到天下的，怎能在這裏呆一輩子呢？」

蕭何說：「那麼大王一定要趕快重用他，不重用他，遲早他還會走！」

劉邦說：「就照你說的辦，讓他做將軍。」

蕭何說：「像韓信這樣的人才，做將軍太屈才了。」

劉邦說：「那拜他為大將好不好？」

蕭何高興地說：「太好了，大王英明！」

劉邦就要打發人去叫韓信來，立刻拜他為大將。蕭何一聽，馬上阻止說：「大王可不能像平日那樣隨隨便便把人叫來。拜大將是件大事，應該選個好日子，吃三天素，築**壇**①拜將，這樣才能顯出大王的誠意。」

小知識

①**壇**：古代舉行祭祀、誓師、拜將等大典用的台，多用土石等建成。

這位以前被人看不起，後來又被漢丞相蕭何如此鄭重推薦的韓信究竟是何許人也？他有些什麼過人的本事呢？

韓信是淮陰人，從小失去父親，家裏很窮，常常吃不上飯。母親年老多病，後來也死了。有一位常在河邊洗衣服的老太婆見他有一餐沒一餐的可憐樣，很是同情他，便常把自己的飯菜分一半給他吃。韓信心中暗暗發誓：將來一旦有所成就，一定要好好報答這位好心的老婆婆。

韓信有一把心愛的寶劍，每次出門都佩在腰上。一次，他挎着寶劍走在街上，被一名**惡少**①攔住取笑了一番，惡少見眾人圍觀，就更加狂妄的向韓信挑釁說：「你敢拔出你的劍來殺了我嗎？如果不敢，就從我的**胯**②下鑽過去！」

韓信不想惹事生非，只好忍氣吞聲地從那惡少的胯下鑽了過去，惡少和眾人哈哈大笑，罵他是膽小鬼。從此他就更加被人瞧不起。

項梁起兵後，帶着隊伍路過淮陰，韓信帶着寶劍去投奔他，在營裏當了一名小兵。項梁戰死後，韓信又跟了項羽，項羽見他強過一般士兵，就讓他當了個

小軍官。

　　韓信曾幾次為項羽獻計出主意，項羽都沒採用。韓信很失望，一氣之下，便投奔了劉邦。可是劉邦也沒發現他是個人才，只是給他當了個小官。

　　由於得不到重用，韓信心中很不好受，常常借酒澆愁。一次，韓信和幾個小官酒後發牢騷，有人向劉邦告了他們一狀。劉邦以為他們要造反，抓起來就要砍頭。韓信理直氣壯地高喊：「漢王不是準備要打天下嗎？為什麼要砍壯士的頭？」劉邦見他膽識過人，說的也在理，便把他放了，還派他做了**治粟都尉**③。

　　漢王的丞相蕭何是個非常愛才的人，只要他發現某個人有才能，無論是文才還是武才，他都會極力向劉邦推薦。蕭何曾和韓信談過，並觀察他多時，覺得他不僅有武將之風範，而且智力過人，足以帶兵克敵。讓他做個小都尉未免大材小用，便幾次三番勸劉邦重用他，但劉邦不聽。

小知識

①惡少：品行惡劣、胡作非為的年青人。

②胯：腰的兩側和大腿之間的部分。

③治粟都尉：管理糧食的官員。

韓信覺得在劉邦手下沒前途，便趁着將士開小差時，也偷偷逃走了。

蕭何知道這消息後，急得直跺腳。他來不及向劉邦說一聲，立刻騎上馬去追韓信。追趕了兩天，才在一個月夜追上了他。

韓信匆忙出走，路不熟，又找不到人問路，正在山谷中徘徊。忽聽得馬蹄聲響，藉着月光，他看見遠處有一人騎馬趕來，嚇得馬上要逃跑。只聽得那人高聲叫他：「韓壯士，請停一停！」

韓信聽出那是蕭何的聲音，便停下來等他。蕭何追上來後，翻身下馬，拉着韓信的手誠懇地說：「韓壯士，你不能走！漢王是重視人才的，我對他好好說說，他一定會重用你的。請再等幾天！」

韓信見蕭何一片至誠，便跟他回來了。

漢營裏傳出消息，說漢王要擇吉日拜大將，幾位老將軍都很興奮，以為自己這次一定能當上大將。

到了拜大將的日子，舉行了一個十分隆重的儀式。當眾人知道漢王拜的大將竟是平日被大家瞧不起的韓信時，個個都目瞪口呆。

儀式完畢後，漢王劉邦與韓信長談。韓信覺得自

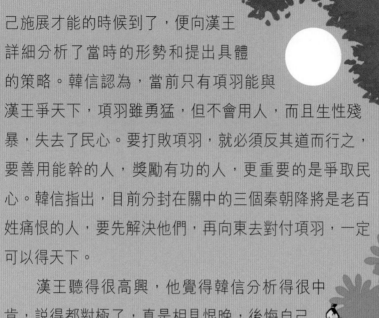

己施展才能的時候到了，便向漢王
詳細分析了當時的形勢和提出具體
的策略。韓信認為，當前只有項羽能與
漢王爭天下，項羽雖勇猛，但不會用人，而且生性殘
暴，失去了民心。要打敗項羽，就必須反其道而行之，
要善用能幹的人，獎勵有功的人，更重要的是爭取民
心。韓信指出，目前分封在關中的三個秦朝降將是老百
姓痛恨的人，要先解決他們，再向東去對付項羽，一定
可以得天下。

　　漢王聽得很高興，他覺得韓信分析得很中
肯，說得都對極了，真是相見恨晚，後悔自己
沒有早發現這個人才。

　　於是，韓信天天指揮將士操
練，漢軍的力量日益強大了起來。

7. 楚漢相峙

你一定玩過中國象棋吧？你有沒有注意到：象棋棋盤中央，分隔作戰雙方的那條狹長地帶上寫着「楚河漢界」四個大字，這是什麼意思呢？它的出典還得追溯到二千多年前。

漢王劉邦拜韓信為大將，蕭何作丞相，整頓國事，訓練兵馬，漸漸積聚了力量。公元前206年八月，漢王採用了韓信的計謀，留蕭何在後方徵收賦稅及供應軍需，漢王和韓信率領漢軍攻打關中，揭開了楚漢相爭的序幕。

項羽對劉邦一直不放心，所以讓秦朝的降將章邯等三人分封在關中，防守着漢中。張良的「明修棧道、暗渡陳倉」計謀奏了效，章邯看見幾百個漢兵在修復棧道，嘲笑道：「這麼長的棧道只派這些人在修，要修到什麼時候啊！」

後來，章邯又聽說韓信被任命為東征大將軍，更是嘲諷道：「劉邦竟傻得重用一個從人家胯下鑽過的膽小鬼，真是糊塗透頂了！」

所以章邯對劉邦放鬆了警惕。誰知沒過幾天，韓信就帶軍出現在章邯眼皮底下！

韓信率漢軍從巴蜀出發攻打秦軍三降將在關中的封地。關中老百姓對「約法三章」的漢王劉邦本來就有好感，漢軍來到，大家都不想抵抗；三個秦軍降將本來就不齊心，又疏於防範，所以很快就被漢軍打得落花流水。不到三個月，漢軍消滅了雍王章邯、翟王董翳、塞王司馬欣的兵力，併吞了他們的封地，關中成了漢王的地盤。

西楚霸王項羽聽到這消息後氣得直跺腳。他正打算起兵向西打漢軍，但東邊也出了事——齊國的舊貴族叛變，轟走了項羽所封的齊王，自立為王，情況嚴重，因此項羽就先去對付齊國。

漢軍趁項羽與齊國相持不下時，向東進軍，於公元前205年夏天佔領了項羽的都城彭城。

項羽一聽都城失陷，連忙率領三萬精兵，扔下齊國不管，趕回來救彭城。經過幾次激戰，項羽打敗了劉邦，收復了彭城。劉邦的幾十萬大軍死的死、傷的傷，掉在水裏淹死的也不少。還有很多被俘，連漢王的父親太公和妻子呂后也都做了俘虜。劉邦自己只帶着幾十

名騎兵，逃到**滎陽**①、**成皋**②一帶，站住腳跟，收集散兵，重新整頓隊伍。

劉邦**以攻為守**③，一面用少數兵力守住滎陽，拖住項羽的軍隊；另一方面派韓信向北收服魏、燕和齊國。

項王的謀士范增勸項羽快些攻下滎陽，項羽就開始攻打。劉邦覺得自己力量不足以應戰，軍隊又缺乏糧食，就派人向項羽求和。項羽本想同意，但范增竭力反對，他說：「現在是徹底消滅劉邦的最好時機，若是放過了他，以後一定會後悔的。」項羽覺得范增說得對，就派兵圍攻滎陽。

劉邦見求和不成，很是着急。他手下的謀士陳平是從項羽那邊投奔過來的，向劉邦獻了一條**反間計**④，離間項羽和范增的關係。

項羽的使者去漢軍軍營辦交涉時，陳平先叫人擺出酒席準備宴請使者，但是當大家快入席時，陳平突然出現，故意裝作驚訝的樣子說：「我差點弄錯了，還以為是**亞父**⑤派來的使者呢！」說着，叫人撤了酒席，只給使者一些粗茶淡飯。使者回去報告了項羽，項羽是個猜忌心很重的人，懷疑范增私通漢王，心中很不高興，就剝奪了范增一部分權力。

范增見項羽中了反間計，十分氣憤，便決意**告老**⑥還鄉。他對項羽說：「如今天下大事已定，我已經老了，請放我回家養老去，大王您自己好好幹吧！」項羽沒有挽留他，派了幾個士兵護送他回家。范增本來想幫項羽奪天下，現在卻落得這下場，他覺得一番心意全都白費了，很是傷心，在路上得了病，背上又長了個毒瘡，不久就去世了。

范增一死，項羽就少了個幫他出主意的人，漢軍所受的壓力減輕了。憑實力，項羽還能打敗漢王；可是要鬥智，他卻不是漢王的對手。

小知識

①**滎陽**：滎，粵音形。今河南滎陽縣。

②**成皋**：皋，粵音高。今河南省鞏縣東。

③**以攻為守**：拿進攻作防禦。指用主動進攻的方法作為防止對方來犯的策略。

④**反間計**：原指利用敵人的間諜、使敵人獲得虛假的情報，後指用計使敵人內部不團結。

⑤**亞父**：意為僅次於父親，是表示尊敬的稱呼，項羽尊敬范增，所以稱他為亞父。

⑥**告老**：舊時王朝的大臣、官吏年老後請求辭職，泛指年老退休。

漢王見霸王圍住滎陽不退，便叫一個手下人晚上坐着他的車子，帶着兩千名披甲的婦女，從滎陽東門出走，來分散楚軍的注意；而漢王自己則帶着幾十名騎兵從西門突圍，逃往成皋。漢王用少數兵力在滎陽、成皋一帶牽制項羽的兵力，卻讓韓信攻取北邊和東邊魏、燕、趙等地，又叫將軍彭越在楚軍後方截斷楚軍的運糧路線，使項羽來回作戰，疲於奔命。如此，楚漢雙方對峙了兩年多。

公元前203年，霸王進攻成皋，漢王從北門逃走，霸王佔領成皋後交給手下將軍曹咎留守，再三囑咐他千萬不要和漢軍交戰，項羽本

人率軍去打彭越挽救運糧線。

　　漢王下令士兵每天隔着汜水向曹咎軍營辱罵，一連罵了幾天，曹咎沉不住氣了，決定渡河與漢軍決一死戰。漢軍趁楚兵渡河渡到一半時發動進攻，楚軍大敗，曹咎在汜水邊自殺。

　　霸王正從彭越手中收復了一些地方，聽説成皋失守，趕忙回頭來對付漢王，在廣武地方，楚漢兩軍隔着一條溪又對峙了起來。

　　霸王向漢王挑戰，要他站出來比個高低上下。漢王不敢應戰，回話説可以鬥智，不比力氣。兩人在陣前對話，漢王當面數落項羽的十大罪狀，説他不守信用不講信義，殺害義帝，屠殺老百姓等等，把霸王大罵一通。

霸王聽了大怒，用手中的戟①向前一指，示意身後的弓箭手放箭。漢王趕快回馬，但胸口已中了一箭，受了重傷。漢王怕士兵知道他受傷後會軍心大亂，便偷偷把箭拔出，彎腰摸摸自己的腳說：「好傢伙，這一箭射中了我的腳趾！」左右把他扶進營帳，漢王受傷的消息很快傳了開去，張良怕軍心動搖，勸漢王勉強支持着到各軍營巡視了一遍，穩定軍心。

霸王聽說漢王沒死，大失所望。這時，韓信在齊地大敗楚軍，楚軍的運糧道又被切斷，糧草供應越來越緊張，霸王進退兩難。

漢王趁機派人與霸王講和，要求釋放太公和呂后，建議楚漢雙方以鴻溝②為界，鴻溝以東歸楚，以西歸漢。

小知識

①**戟**：古代兵器，在長柄的一端裝有青銅或鐵製成的槍尖，旁邊附有月牙形鋒刃。

②**鴻溝**：在滎陽東南，古運河名，自滎陽北部引黃河水，聯接一些主要河道，形成了黃淮平原上的水道交通網。楚漢用以分界後，今稱界限分明為「劃若鴻溝」。

霸王認為這樣劃定楚漢分界還不錯，就同意了。他放回了太公和呂后，收兵東回彭城。

　　殊不知，漢王這次講和，只是一個緩兵之計，不出兩個月，漢王就撕毀和約，開始了楚漢之間的最後決戰。

　　後人就把楚漢對峙的局面移到棋盤上，以鴻溝定為楚河漢界，兩個對手各扮楚漢雙方，在小小的棋盤模仿當年的情景廝殺一番呢！

8. 四面楚歌

　　我們常用「四面楚歌」來形容四面受敵、陷於孤立無援的困境。你知道嗎，這句成語的典故就出自楚漢相爭時的西楚霸王項羽的身上呢！

　　楚漢講和之後，霸王從滎陽退了圍攻的軍隊，回到彭城去了。漢王也想往西回到關中去養傷，但是他身邊的謀士張良、陳平給他出主意說：「現在楚霸王兵疲糧盡，正是一舉消滅他的好時機，不然放虎歸山，會留下後患無窮。」

　　漢王覺得他們的建議很有道理，現在漢軍已佔有大半個天下了，應趁熱打鐵奪取整個天下。於是漢王在不到兩個月的時間內就撕毀和約，派兵去追趕楚霸王；並派人去通知韓信、彭越、英布的軍隊前來會師，配合作戰，答應在勝利之後分給他們大塊封地。

　　公元前202年末，漢王已組成了伐楚大軍，除了劉邦和韓信等人率領的部隊會師之外，蕭何從關中又調來好幾批人馬，充實了兵力。這支大軍由韓信統一指揮，楚漢雙方的最後決戰開始了。

　　韓信用三十萬人馬在**垓下**①設下**十面埋伏**②，把楚

霸王十萬軍隊引誘進來，切斷後路，<u>重重圍住</u>。項羽的人馬不多，糧食也快用完，他幾次率軍想衝殺出去，但打退一批，漢軍和諸侯的軍隊又來一批；殺出一層，還有一層，項羽殺得精疲力盡，還是不能突圍，只好回到垓下大本營，吩咐將士小心防守，準備再找機會出擊。

　　為了動搖楚軍將士的軍心，瓦解他們的士氣，張良派人找來一些會唱楚國民歌的人，叫他們到各營去教漢兵唱楚歌。每當夜深人靜，漢營裏就傳出淒涼的楚歌，歌聲隨風吹進楚營，引得楚軍將士勾起思鄉情懷，紛紛開小差逃走。後來竟連項羽的叔父項伯、親信季布、鍾離昧等人也都離他而去。

　　項羽有一個鍾愛的妃子叫虞姬，平時一直陪伴在側，精神上支持項羽，生活上也對他照顧得無微不至。

小知識

①**垓下**：今安徽省靈壁縣東南。

②**十面埋伏**：原為明代開始流傳的一首琵琶曲名，內容描寫劉邦與項羽垓下之戰，運用琵琶特有的技巧描繪古代的戰爭場面，表現千軍萬馬衝鋒陷陣之勢。後都用「十面埋伏」喻作重重包圍之意。

一天晚上，她在營中準備好酒菜等項羽回來。項羽回來時神色疲憊，滿臉哀傷，原來今天的突圍又沒成功，楚軍被韓信的埋伏部隊打得損失慘重，只剩下一、兩萬人馬了。

虞姬安慰他説：「勝敗是兵家常事，不要太難過。」並命人端上酒菜，勸項羽進食。項羽哪有心情下嚥美食，他只是大口大口地喝着酒，借酒澆愁，喝了幾杯後迷迷糊糊地睡着了。

睡意矇矓中，項羽聽到一陣陣悲涼的歌聲，夾着呼呼的風聲從遠處傳來，由遠而近，漸漸地好似楚營四面都充滿着楚國民歌聲。項羽被驚醒了，他跑出營帳一看，發現歌聲竟是來自漢營。他吃驚地問道：「難道劉邦已經攻下西楚了嗎？怎麼漢營裏有這麼多楚人？」

這時，有士兵來向他報告説：「軍中只剩八百親兵。」原來其餘人都逃走了。項羽悶悶不樂地回到營帳裏，又喝起酒來。

那時，項羽心愛的一匹烏**騅馬**①，也在營帳外一聲聲地嘶叫，好像在催項羽趕快騎着牠衝殺出去。項羽聽得心更亂，叫人把馬牽走，誰知那馬卻怎麼也不肯挪動

一步。項羽心裏難受極了，隨口編了首歌，唱了起來：

力拔山兮氣蓋世，時不利兮騅不逝。

騅不逝兮可奈何，虞兮虞兮奈若何！

歌詞的意思是：我力氣大得能拔一座山，氣魄能壓倒天下好漢，但時運不利，連烏騅馬也在為我抱不平。虞姬啊虞姬，我拿你怎麼辦？

虞姬也和唱道：「漢兵已掠地，四面楚歌聲。大王意氣盡，賤妾何聊生？」虞姬勸霸王千萬別把她的生死放在心上，趕快突圍出去是當務之急。霸王拉着虞姬的手，傷心得眼淚不斷往下掉，捨不得和她分離。虞姬為了讓霸王安心突圍，趁他不注意，抽出項羽的寶劍自殺了。

虞姬死了，霸王好傷心啊，但他也因而沒了牽掛。於是，他率領八百名親信，跨上烏騅馬，趁着黑夜，突圍衝出去。天亮時分，漢軍才發現項羽已經突圍，連忙派了五千騎兵緊緊追趕。經過幾次激烈交鋒，

小知識

①**騅馬**：毛色青白相間的馬叫騅，這裏的烏騅馬是霸
　　　　王項羽的座騎。

項羽渡過淮河時，跟着他的只剩一百多人了。又跑了一程，他迷了路。

項羽向一個莊稼人問路，問走哪條路可以到彭城。那莊稼人認出他是霸王，不願幫他，哄騙他説走左邊一條路。誰知那條路通往**沼澤地**①，等他們回頭走出來時，漢兵已經追上來了，項羽自己帶頭向漢兵衝去，又砍殺了兩名漢將和幾百名士兵。最後，他們跑到**烏江**②邊，項羽跟前只有二十六人了。

烏江的亭長正好有一條小船停在岸邊，他勸項羽上船，説：「江東雖小，尚有土地千里，人口幾十萬。大王還可以在那邊稱王。」

項羽苦笑道：「我在會稽起兵，帶了八千子弟兵渡江，今天他們沒有一個人回去，我有什麼臉再去見江東父老呢！」

小知識

①**沼澤地**：水草茂密的泥濘地帶，由於湖泊裏的物質長期沉積，湖水越來越淺，湖底長滿苔蘚、蘆葦等植物而造成的。

②**烏江**：位於安徽和縣東北面的一條江。

説完，項羽跳下馬，把馬送給了亭長。他拿着短刀，帶頭跟追上來的漢兵肉搏起來，殺了幾百名漢兵，楚兵也一個個倒下。項羽受了十幾處傷，最後在烏江邊悲壯地拔劍自刎，當時他才三十一歲。

　　武功赫赫的楚霸王起兵八年內，經過七十多次戰鬥，戰無不勝，萬夫莫敵，如今壯烈的倒在烏江邊。他的死，結束了歷史上楚漢相爭的一頁。

叱咤風雲的抗秦英雄項羽垓下戰敗後在江邊自刎，說無臉見江東父老，是什麼意思？

項羽（公元前232年至前202年）豪氣蓋世，英勇無比，古人曾讚他說「羽之神勇，千古無二」，不是輕易會戰敗的人。但漢王劉邦撕毀和約，派重兵來攻，韓信又設下十面埋伏，項羽中了計，敗於垓下。本來他還想把僅剩的二十多人組織起來拼殺後渡江，但是後來怎麼會在江邊自刎呢？很多人覺得不可理解。一般有以下幾種猜測：

一是認為「虞姬死、子弟散」，項羽眼見愛姬拔劍自盡，手下士兵都差不多散盡，內心非常愧疚，覺得自己也不能再活下去。

二是因為項羽本是楚國下相（今江蘇宿遷）人，隨叔父在會稽（今江蘇蘇州）起義，當年帶了八千兵馬渡過長江起義反秦，如今淪落到如此地步，無臉回去見江東（長江以東）的鄉親們。

三是有人認為項羽看到戰爭使得老百姓陷於水深火熱之中，他不忍心這樣的殺戮再繼續下去，本來他已經和劉邦談和了，誰料對方背信棄義。項羽就寧願犧牲自己來結束爭鬥，

是他高尚品德的表現。

　　無論如何，人們都認為這位起義英雄死得壯烈，永為人們懷念。宋代愛國女詩人李清照在《烏江》一詩中寫道：「生當做人傑，死亦為鬼雄。至今思項羽，不肯過江東。」

楚漢相爭帶來的文化瑰寶

楚漢相爭結束了，但這段起伏跌宕、精彩紛呈的歷史留下了無數動人的故事，成為歷代文學、戲劇、曲藝、美術的創作題材，如鴻門宴、蕭何月下追韓信、楚漢分界、十面埋伏、霸王別姬等等，也為後人總結出好幾條流傳至今的成語，如項羽表示戰秦決心的「破釜沉舟」、鴻門宴上的「項莊舞劍，意在沛公」、韓信的「暗渡陳倉」和「十面埋伏」計、項羽陷入的「四面楚歌」等，都是十分生動形象的語言，我們要理解和學習運用。

9. 漢高祖為什麼要訂「白馬盟」?

埃下之戰後,劉邦得了天下,建立漢朝,正式稱帝,即漢高祖,他是中國歷史上第一個平民皇帝。

漢高祖即位後不久,在洛陽南宮舉行了一個慶功宴會。意氣風發的高祖在席間問大家:「請各位說說,我為什麼能打敗項羽奪得天下?」

大臣們紛紛發表了意見,有的說項羽氣量狹窄,有功無賞,而劉邦能和大家有福同享;有的說項羽脾氣暴躁,生性猜疑,而劉邦寬厚溫和、待人仁慈。

漢高祖聽了笑笑說:「你們說對了一半。要論出謀劃策,我不如張良;治理國家,我不如蕭何;率軍打仗,我比不上韓信。這三位是天下豪傑。我能重用他們,所以我能成功,項羽有一個能幹的范增,但卻不會用他,所以失敗了。要知道成功失敗,全在於用人。」

大家都覺得高祖說得有道理。後來人們就把蕭何、張良、韓信稱為「漢初三傑」。

漢高祖說他會用人,這一點確是事實,也是他能戰勝項羽的重要原因之一。在楚漢相爭的過程中,劉邦不僅重用了蕭何、張良、韓信這樣能獨當一面的傑出人

才，並用了許多有各種長處的能人。只要有本領，不管他的出身如何，劉邦都會用。在他用過的人之中，就數張良的出身最尊貴，是韓國的公子。其次是蕭何和曹參，本是沛縣的小官吏。其他如陳平、王陵、酈食其等人都是普通百姓，沒做過官。韓信原是個到處流浪的無業遊民；在鴻門宴上保護過劉邦的樊噲，是個宰狗的屠夫；大將周勃是個編織草席的工人兼**吹鼓手**①；大將灌嬰是個綢布販子……他們在當時的社會裏都只能身穿布衣，沒有穿綢衣的資格，因此歷史上稱劉邦手下這批臣子是「**布衣**②將相」。劉邦按照臣子的功勞大小，分別封以土地，蕭何封為酇侯，得地最多；曹參為平陽侯，張良只要了**留地**③。蕭何並當上了丞相。在楚漢戰爭中，劉邦曾先後封了七個**異姓王**④，其中包括了立下赫赫戰功的韓信，在當時這確是能起到籠絡部下、分化敵方、孤立項羽的作用。可是，楚漢戰爭結束後，這些擁有重兵的異姓王漸漸成了漢王朝的威脅，有的甚至公開叛亂，結果漢高祖用了七年時間，消滅了異姓王，鞏固了西漢的統一。從此，高祖不再相信異姓人了，只相信自己的同姓子弟，便把全國大約五十四個郡中的三十九個，分封給九個劉姓子弟，

想靠他們來鞏固漢室的統治。

　　不幸的是，漢高祖在攻打異姓王的戰役中曾被飛箭所傷，就此一病不起。臨終時他帶着文武大臣到太廟去**殺馬宣誓**⑤訂白馬盟，他們喝下熱騰騰的白馬血，立下一條不許違反的盟約：從今以後，凡不是姓劉的人，一概不許封王；沒有功勞的人，一概不許封侯。誰違反了，天下人就共同討伐他！

小知識

①吹鼓手：舊式婚禮或喪禮中吹奏樂器的人。

②布衣：古時用布衣指平民，因為當時平民只能穿布衣，只有當官的才可以穿綢衣。

③留地：戰國時期屬於鄭國，後被陳國吞併，改名為陳留，又名鳳凰城，相傳有鳳凰在此棲息。這裏人材輩出，西漢張良和漢獻帝劉協等在此居住，日後曹操在此地起兵南下。

④異姓王：跟皇帝不同姓、無血統關係的王爺。

⑤殺馬宣誓：也叫歃血，是古代宣誓的一種儀式，宣誓者把半碗馬血灑地，半碗飲下，表示決心。

漢高祖在位期間還做過兩件大事：

一是採納了儒生叔孫通的建議，到魯國召集了懂得古代禮儀的三十人，來為漢朝制訂朝儀，整頓朝廷秩序，這套禮儀規矩在中國一直實行了兩千多年。

二是公元前200年，匈奴的冒頓（粵音默獨）**單于**①南侵，高祖親自迎戰，打了敗仗，便採取**和親**②的辦法，把一個漂亮的宮女嫁到匈奴去，與單于結為親家，於是與匈奴的關係暫時緩和了下來。以後各族的統治者都有採取這和親政策來維持相互間的和平關係的。

小知識

①**單于**：粵音蟬如，匈奴君主的稱號。

②**和親**：封建王朝與邊疆各族統治者結親和好。

10. 呂后奪權

漢高祖與眾大臣的白馬盟規定不是姓劉的不得封王，不是功臣不得封侯。他怎會想到，日後違反這誓約的竟是他的妻子呂后。

呂后名雉，嫁給劉邦後生了一男一女，男的即以後的惠帝，女的是魯元公主。劉邦稱帝後，呂雉當了八年皇后；惠帝即位後，她做了七年皇太后；惠帝死後，她臨朝八年。她前後參預政事二十三年，其中實際掌權十五年，在漢初的統治者中，是個重要人物。

呂后精明能幹，對劉邦的創業幫助很大，所以劉邦一向很尊敬她，對她還有幾分害怕。

劉邦有個寵愛的妃子戚姬，生了個兒子，叫如意。劉邦嫌呂后生的兒子劉盈太優柔寡斷，想廢了他立如意為太子，但遭到諸臣的反對，沒有辦成。呂后對朝中擁立太子的，竭力拉攏，甚至親自去跪謝。所以她的政治活動實際上從廢立太子的問題上已開始，漸漸形成一個以呂后、太子為首的政治集團。

公元前195年漢高祖病死，呂后封鎖了消息，卻召見心腹大臣審食其說：「朝中幾個大將本是和先帝一起

打天下的，後來在先帝手下稱臣，總是不服氣。如今先帝一去，他們會願意侍奉太子為帝嗎？不如把他們都殺了，天下才太平。」

審食其覺得事情很**棘手**①，便找呂后的哥哥商量。他們都認為呂后這樣做會激起大臣和將軍們的反抗，天下會大亂，十分危險。呂后也覺得這事沒把握，就沒有下手，下了發喪的命令。

他們安葬了漢高祖，把太子劉盈立為皇帝，就是漢惠帝。惠帝當時才十七歲，性格柔弱，身體又不好，所以大權操縱在他母親呂后手中。

呂后為人陰險奸詐，心腸狠毒，高祖在位時，她就採取陰謀手段，背着高祖殺害了韓信和彭越等異姓功臣，為篡權作準備。高祖一死，她就更肆無忌憚地迫害起劉氏子孫和許多開國功臣來，幾年中，她把漢高祖的八個兒子殺了四個，在朝廷安插自己的親信和族人，並讓他們控制了軍隊，呂后成了實際上的皇帝。

其中，呂后殺害戚姬和她兒子如意的手段最為殘酷。首先，她把戚姬打入冷宮，給她穿上囚犯的衣服，戴上**鐵箍**②，罰她整天**舂米**③，舂不到一定數量就不給飯吃。然後，呂后把如意從封地趙國召回京城。惠帝劉

盈和如意從小一起玩耍，感情很好，知道母親想殺害如意，他便把如意接進宮，吃睡都和他在一起，盡可能保護他。一天早上，惠帝一早起來去打獵，如意沒有跟去，就被呂后派人用毒酒害死了。如意死後，呂后叫人砍斷了戚姬的手腳，挖掉眼珠，弄聾耳朵，灌了啞藥，丟在廁所中，叫做「人彘④」。呂后還叫惠帝去看，惠帝一看，認得這段人不像人、豬不像豬的軀體就是父親生前的愛妃，嚇得大哭，病了一年多。從此他喝酒作樂，不理國家大事，到第七年鬱鬱死去。

小知識

①**棘手**：形容事情難辦，像荊棘刺手。

②**鐵箍**：緊緊套在物件外面的鐵圈。

③**舂米**：把米放在石臼裏搗去米殼。

④**人彘**：意為像豬一樣的人，古代把豬稱為「彘」。

漢惠帝的妻子張皇后沒有生孩子，呂后就叫她假裝懷孕，到時候抱來一個宮女的嬰兒，假稱是皇后所生，並把那個宮女殺了滅口。公元前188年惠帝死後，這個嬰兒就做了皇帝，稱為少帝，但真正發號施令的仍然是呂后。

　　呂后想封姪子呂台為王，先試探右丞相王陵的意見。王陵率直地表示反對說：「不行！高祖在世時曾殺白馬訂盟約，如今你要封呂家人為王，是違背盟約的事，我不能同意！」呂后聽了很不高興，免了王陵的職務，叫他去做少帝的老師，王陵推說有病，告老回鄉了。呂后趕走了王陵，把左丞相陳平升為右丞相，把自己的親信審食其提拔為左丞相。之後，大臣們也不敢再反對，呂后就肆無忌憚地封了呂台為王。不久，呂后又封了六個呂家的人為**列侯**①。

　　當時的左丞相陳平和太尉周勃表面上同意呂后這樣做，當王陵責問他們時，他們說：「您別着急，當面在朝廷上和太后爭論，我們比不上您；將來保全劉家天下，您就比不上我們了。」

　　少帝懂事後，聽說張皇后不是他母親，呂后不是他祖母，他的生母已被害死，就氣憤地說：「我長大

後，一定要替母親報仇！」呂后聽說後，怕日後真的出亂子，就偷偷把少帝殺害了，找來一個叫劉弘的小孩做皇帝，歷史上也稱他為少帝。

少帝劉弘即位第四年，呂后得了重病。她擔心自己死後呂家人會吃虧，便指派趙王呂祿為上將軍，統領北軍；梁王呂產為相國，率領南軍，告誡他們在她死後要抓住兵權保衛宮廷。

呂后死後，呂產、呂祿想發動叛亂，準備全面篡奪劉姓天下。這時，以周勃、陳平為首的老臣子先發制人。他們先派人去向呂祿分析形勢，勸他交出將印，回趙國封地。呂祿見不是他們對手，只好照做了。周勃拿了將軍大印到北軍去宣布：「現在呂氏想奪劉氏王權，誰幫呂家的袒露右臂，幫劉家的**袒露左臂**②。」將士們都是心向劉家的，紛紛露出左臂。周勃接管了北軍，派

小知識

①**列侯**：是從秦朝開始的一種爵位，屬於侯爵，分二十個等級，西漢延續這項制度，帝王封賞有功者，也稱通侯。

②**袒露左臂**：歷史上叫左袒，指士兵們敞開上衣，脫去左袖露出左臂以示效忠漢家王朝。

人去殺了呂產，又率軍到各地去消滅了呂氏一族的人，呂后一手建立的呂氏天下，前後共十五年，被徹底摧毀了。

大臣們商議説，少帝劉弘不是惠帝的兒子，不應做皇帝。他們就派人接來**代王**①劉恆稱帝，安定了劉姓天下。

小知識

①**代王**：中國封建社會王爵名稱之一，是使用最長的王爵。也指替代正統王位繼承者稱王的皇帝，也即是名義上的皇帝，代理皇位者。春秋戰國時代都有代王，一直延續到明朝。

一提起漢朝掌權十五年的呂后，人們就想到她心狠手辣的奪權手段，但有人說她在歷史上也起到了一些好的作用，那是些什麼呢？

漢高祖劉邦的妻子呂后本名呂雉（公元前 241 年至前 180 年），高祖死後被尊為皇太后，又稱為漢高后，是中國歷史上三大女性統治者（呂后、武則天、慈禧太后）中的第一個。

其實剛嫁給劉邦時的呂雉是個賢惠的妻子，那時生活並不富裕，劉邦常在外面忙碌，她便在家耕田織布養蠶，服侍父母、撫養子女，獨力支撐起全家的生活擔子。

呂后性格剛毅、精明能幹，劉邦稱帝的八年期間，她協助劉邦鎮壓叛逆，打擊割據勢力，對鞏固漢朝、統一政權起了重要的作用。當劉邦病重瀕危的時候，呂后問他今後的人事安排。劉邦過世後朝廷的重要官員任命基本上是按照劉邦的主意來進行的，一些開國功臣繼續得到重用。

劉盈即位，大權落到呂后手裏後，七年期間她繼續執行劉邦休養生息的政策，鼓勵農耕發展生產，廢除了一些苛刻的法令，減輕稅收，提倡勤儉治國，嚴懲鋪張浪費，對工商實行自由政策，社會經濟得到恢復；外交方面，對匈奴實行

和親政策。所以百姓生活比較安定。司馬遷在《史記》中對呂后很有好評。

但後來呂后為了鞏固自己的權勢，建立呂氏天下，不惜用殘酷的手段殺害老臣，對以前得寵的妃子和反對她的劉氏諸王都不擇手段迫害致死；重用親信，培植了一個呂氏外戚集團。她的倒行逆施最終在她死後引發了劉氏皇族集團與呂氏集團之間的流血鬥爭，後者走向了必然滅亡的命運。

11. 緹縈救父的故事

公元前179年，二十四歲的劉恆即位，就是歷史上有名的漢文帝，漢代在他的治理下進入太平盛世。文帝減輕百姓的賦稅和徭役，敬老扶幼，發展生產。最受人歡迎的是減輕刑罰的政策，首先廢除一人犯法、全家**連坐**①的法令。後來又規定罰錢贖罪的法律，廢除**肉刑**②法令的產生中還有一個動人的小故事呢！

漢文帝的母親薄太后出身低微，因此得不到漢高祖的寵愛，高祖把劉恆封到很遠的北方去當代王，薄夫人就跟着去，在**代郡**③住了十七年。母子倆生活儉樸，時常和當地百姓接觸，所以了解百姓的疾苦。

小知識

①**連坐**：舊時一個人犯法，他的家人、親戚，甚至鄰居都要連帶一同辦罪受罰。

②**肉刑**：摧殘人的肉體的刑罰，中國古代一般是指切斷肢體或割裂肌膚的刑罰，如漢代的肉刑有三種：在臉上刺字、割掉鼻子、砍去左腳或右腳。

③**代郡**：今河北蔚縣。

文帝上任後，薄太后一直叮囑他要關心老百姓，文帝就公布了一道命令，規定老百姓有什麼解決不了的困難，或願意給皇帝提合理建議的，都可以給皇帝上書。

公元前167年，臨淄（粵音之）地方有個讀書人叫淳于意，精通醫學，經常給人治病，漸漸便出了名。後來他被任命為太倉縣令，可是他不願意與大官們應酬，也不會奉承拍馬，便辭官回家，一心一意當起醫生來了。

一次，一個大商人的妻子得了病，請淳于意去醫治。但那女人吃了藥後，沒幾天就死了。大商人仗勢向官府告了淳于意一狀，說他庸醫害人，錯治了病。當地官吏判他「肉刑」，要把他押解到長安去受刑。

淳于意有五個女兒，沒有兒子。他被押解去長安臨離家的時候，望着女兒們歎氣說：「唉，可惜我沒有男孩，有了急難，一個有用的也沒有！」

幾個女兒都低頭直哭。最小的女孩叫緹縈，她聽了父親

的話又傷心又不服氣，心想：「為什麼女兒就沒有用？難道我不能幫助父親嗎？」

她提出要陪父親跟那解差到長安去。

到了長安，緹縈來到皇宮，要見漢文帝，看門的不讓她進去。她聽説文帝鼓勵百姓向他上書，便寫了一封信，託看門的送上去。

漢文帝接到信，一看上書的是個十來歲的小姑娘，字雖然寫得歪歪斜斜，內容卻意真情切，很是動人。信中講了她父親的事後説：「我不但為父親難過，也為所有受肉刑的人傷心。肉刑是一種可怕的刑罰，一個人砍去腳就成了殘廢；割了鼻子，不能再安上去；臉上刺了字，就破了相，以後就是改過自新也沒法補救了。為什麼不給犯人一個改過自新的機會呢？我願給官家做奴婢，替父親贖罪，好讓他有一個改正的機會。」

漢文帝讀了信，覺得她説得有理，就召集官員説：「犯了罪是應該受罰，但是刑罰的作用是警誡人不要再犯法，要讓人能重新做人。肉刑卻害人一輩子，過重了，應該用別的刑罰來代替。」

官吏們商量後擬定了一個辦法，把肉刑改為**打板子**①。原來判砍腳的，改為打五百板子；原來要割鼻的，改為三百板子；原來要在臉上刺字的，改為做苦工，正式廢除肉刑。緹縈不但救了父親，也替天下人做了件好事。她年紀小小，卻是多麼勇敢呀！

小知識

①**打板子**：舊時拷打或施行體罰時用竹片或木板打犯人的身軀。文景帝時規定只能打犯人的屁股，不許打其他部位。

12. 不向皇帝跪拜的將軍

文帝在位時，跟匈奴繼續採取和親的政策，雙方沒有大規模的戰爭。但是後來匈奴的單于聽信了漢奸的挑撥，跟漢朝絕交，又侵犯北方邊境，燒殺搶劫，無惡不作。邊境的烽火台就燃起烽火來向長安報警。

漢文帝接到匈奴入侵的報告，趕忙派出三位大將帶領三路人馬去前線抵抗。另外，他又派三位將軍帶兵駐紮在長安城附近，保衛國都的安全。

一天，漢文帝親自到長安附近的駐地去巡視，順便也慰勞一下將士。

他先到的兩處軍營都是軍門大開，將領們一見皇帝駕到，都紛紛騎着馬出來迎接，儀式隆重。漢文帝的車駕可以自由進出軍營，一點也沒受到阻攔。

最後，漢文帝來到周亞夫將軍駐紮的細柳營。

軍營的哨兵遠遠看見有一行人馬開過來，立刻報告了周亞夫。將士們隨即披盔帶甲，弓上弦，箭出鞘，作好戰鬥的準備。

文帝的車隊到了營門，守衛的崗哨立刻攔住，不讓進去。

文帝的隨從威嚴地吆喝道：「皇上駕到！」

營門的守將有禮貌地答道：「軍中只聽將軍的命令。沒有周將軍的命令不能開營門，即使是皇帝也不例外。」

　　漢文帝只好拿出皇帝的**符節**①，派人傳話進去説：「我要進營來勞軍。」

　　周亞夫見到符節，通知守將開門，文帝的車才能入內。守將還鄭重地告訴他們：「軍中有規定，車在營內不能策馬奔馳。」文帝的侍從都很生氣，文帝卻吩咐大家放鬆繮繩，讓車輛緩緩前進。

　　到了營內，周亞夫全身披掛，手持兵器，威風凜凜地站着，見了文帝只是拱了拱手行禮，並不跪拜，説：「臣盔甲在身，不能下拜，只能按照軍禮朝見。」

文帝聽了大為震動，十分欣賞周亞夫的作法。他向全軍將士傳達他的慰問，並視察了全營，只見軍陣嚴整，士兵精神飽滿，嚴陣以待。

事後，文帝的隨從憤憤不平，認為周亞夫不跪拜，對皇帝太沒禮貌了。但是文帝卻讚不絕口說：「這才是真正的將軍和真正的軍隊啊！鬆鬆垮垮、紀律不嚴的軍隊，敵人來偷襲時不作俘虜才怪呢！像周亞夫這樣治軍，敵人怎敢來侵犯呢？」

漢文帝認定周亞夫是個軍事人才，就把他提升為中尉。

第二年，文帝得了重病，臨終時他對太子劉啟說：「將來國家發生動亂的話，叫周亞夫統率軍隊，一定錯不了。」

劉啟即位，就是漢景帝。那時，當年高祖分封的劉姓王勢力發展很快，有些諸侯不把朝廷放在眼裏。景

小知識

①**符節**：古代門關出入所持的憑證，用竹或木製成。

帝採取了**御史大夫**①晁錯（晁，粵音潮）的建議，着手削減諸侯的領地，劃為中央管轄，由此引起了公元前154年的「**七國之亂**②」。

景帝一看叛軍的聲勢很大，想起父親文帝臨終的囑咐，便封周亞夫為太尉，率領三十六位將軍，分三路討伐叛軍。

周亞夫平素訓練軍隊嚴格，因此將士質素很高，紀律嚴明，士氣高漲。周亞夫又很有智謀，他的作戰方法很特別：並不正面去攻打叛軍，而是暗中繞道，切斷叛軍的運糧路線。之後他按兵不動，等到叛軍餓得受不住了，紛紛逃走時，周亞夫才出動精兵一舉擊垮叛軍。僅僅三個月內，他就解決了漢朝的大災禍。

文帝和景帝在位的四十年間，除了七國之亂以外，天下太平，社會安定，經濟發展，國富民強，所以史稱「文景之治」。

小知識

①**御史大夫**：秦漢時僅次於丞相的中央最高長官，主要職務為監察、執法，兼掌管重要文書圖籍。

②**七國之亂**：漢景帝先下令削減楚、趙諸侯國的封地，吳王就聯合楚王、趙王、濟南王、淄川王、膠西王、膠東王等劉姓宗室諸侯，以「清君側」為名發動叛亂。這是一次地方割據勢力與中央專制皇權之間矛盾的爆發。

13. 大有作為的漢武帝和三位武將

公元前141年，當景帝的兒子劉徹即位的時候，據說國庫的錢庫和糧倉都裝得滿滿的，錢庫裏的錢多得數不過來，連串錢的繩子都爛了，糧倉裏的糧食堆得滿溢出來，有的甚至已經霉爛了！

你是不是以為，在這樣的太平盛世中即位的皇帝，就可以好好享樂一番了？不，漢武帝劉徹卻是一個雄心勃勃的人，雖然他當皇帝時只有十七歲，對治國卻有一肚子的想法。他具雄才大略，在政治、經濟、軍事、文化各方面幹得轟轟烈烈，使漢朝在當時成為世界上最強盛的帝國。

讓我們來看看漢武帝主要做了哪些事吧：

首先，他加強了中央的權力。平定「七國之亂」後各地封國的勢力削弱了，但還存在着日後逐漸膨脹的危險。漢武帝規定各諸侯國不僅只由長子繼承王國，還必須把土地分封給其他子弟，這樣大諸侯國變為很多直接由郡管轄的小國，力量削弱，而中央的力量加強了。同時，武帝又建立了一套以皇權為中心的官僚制度，讓大批忠於王室的知識分子作中央和地方的官員，鞏固了皇帝的統治。

漢武帝還採用了學者董仲舒的主張「**罷黜百家，獨尊儒術①**」，用儒家思想來統一全國。大家都聽說過「君要臣死，臣不得不死；父要子亡，子不得不亡」的話吧？這就是在當時社會裏人人要遵守的「**三綱五常②**」的行為標準，漢武帝用它來穩定國家和社會秩序，這種封建傳統思想統治了中國整整兩千多年呢！

　　在經濟上，漢武帝禁止地方私自鑄錢，統一貨幣，改用**五銖錢③**；並把冶鐵煮鹽、運輸貿易改為國營專賣，為朝廷增加了巨大收入。這些措施都有利於國家的統一和政權的鞏固。

　　漢武帝的另一大功績就是出兵征伐匈奴，基本上解除了匈奴對漢朝的威脅，並擴大了疆域，使漢帝國達到了它強盛的頂點。

　　說到征伐匈奴，就不能不提到李廣、衞青、霍去病三位大將。

　　李廣擅長射箭，是位老將，漢文帝時代已是皇帝的侍衞官，常陪文帝打獵。景帝時代平定七國之亂時也曾立過功。一次，他帶着百來個騎兵去追趕三個匈奴射手，射殺了兩個，活捉了一個，正準備返營時，忽見幾千個匈奴騎兵趕了上來。李廣叫手下人別慌，說：「我

們離營地還有幾十里，如果慌忙逃走，匈奴人一定會追上來把我們全部殺死；如果我們不走，匈奴人以為我們是大軍派出來誘敵的，就不敢來攻擊我們。」他就下令大家繼續前進，到離匈奴人大約二里地時下馬，卸了馬鞍，在草地上休息。果然，匈奴人不敢前來，一個匈奴將軍騎馬奔來看個仔細，被李廣一箭射死。匈奴人以為漢軍有埋伏，怕受襲擊，就逃走了。漢軍化險為夷。李廣有勇又有謀，匈奴人見他就逃，稱他為「飛將軍」。

小知識

①**罷黜百家，獨尊儒術**：「罷黜」是貶低並排斥的意思。武帝時把儒家的著作視為經典，尊孔子為至聖，只有通曉儒家學說的人才能做官，從此儒家思想成為維護封建統治的正統思想。

②**三綱五常**：以儒家思想制定的封建社會中三種主要的道德關係和道德教條。「三綱」是「君為臣綱，父為子綱，夫為妻綱」，「綱」是居主要或支配地位的意思；「五常」是指仁、義、禮、智、信，是封建社會五種行為準則。

③**五銖錢**：用銅鑄成外圓內有方孔的錢幣，上有「五銖」兩字，一銖約合今二分。漢代的金五銖錢迄今只存一枚。

可是飛將軍也有失算的時候，真所謂「勝敗乃兵家常事」。公元前129年，漢武帝派四路兵馬去抵抗匈奴，匈奴人最怕李廣，就集中大部分兵力對付他，並挖下陷阱誘他去追趕。李廣中計，掉進陷阱被捕。匈奴人把李廣裝在用繩子編成的吊牀裏，用兩匹馬馱着送去單于的大營。李廣躺在吊牀裏裝死不動，等他瞅到旁邊一個匈奴兵騎着一匹好馬，就從吊牀上一躍而起，跳上馬奪了騎兵的弓箭飛奔而去。這次他打了敗仗又當了俘虜，所以被判死刑，但他用錢贖了罪，回家做了平民。這次四路戰役中只有年輕的衛青打了勝仗，得到武帝的賞識。

過了兩年，即公元前127年，武帝又派衛青討伐匈奴。衛青收復了長期被匈奴盤踞的**河南**①地區，政府在此設了朔方城，又從關東移民十多萬到此居住，解除了匈奴對長安的威脅。公元前124年衛青又率三萬騎兵打敗匈奴右賢王。武帝就封衛青為大將軍，統率全軍。

公元前121年，對匈奴的第二次大戰役開始，目標是爭奪河西地區。這次衛青的外甥、勇敢善戰的霍去病旗開得勝，他率領騎兵萬人，奔馳千里，控制了河西地區。漢朝政府把關中的貧苦人民移居到河西去開墾，設置**河西四郡**②，從此河西再也沒有匈奴的蹤跡。

公元前119年，漢武帝發動了規模最大、征途最遠、具決定意義的一次戰役，目的在於深入沙漠北部，殲滅匈奴主力。衛青和霍去病各率領五萬騎兵，並配有十四萬馬匹和幾十萬步兵及馱夫作戰。西路衛青與匈奴主力單于交鋒，戰鬥激烈，結果萬名匈奴騎兵潰散，單

小知識

①**河南**：現黃河河套內，綏遠等地。

②**河西四郡**：指黃河以西今河西走廊地區，四郡為武威、酒泉、張掖、敦煌。

于落荒而逃。東路霍去病深入塞北兩千多里，殺敵七萬多，俘虜了八十三個匈奴首領。匈奴的主力被打垮，從此匈奴撤退到大沙漠西北，再也不敢南下，漢朝擴大了疆土，長城內外一片繁榮安定景象。

衛青出身奴隸，關心士兵疾苦，作戰指揮若定，是位傑出大將；霍去病年少有為，作戰勇猛，屢建奇功，武帝為他修建豪華住宅，他都婉言謝絕，可惜在二十四歲時病死。衛青、霍去病不愧為漢代的民族大英雄。

14. 張騫與「絲綢之路」

　　你是否注意到，在我們常吃的一些蔬果的名字中，如胡蘿蔔（甘筍）、洋白菜（椰菜）、洋山芋（薯仔）、西紅柿（番茄）、番石榴等，為什麼有「洋」、「胡」、「番」這些字呢？它們是什麼意思呢？原來這些蔬果都不是中國本土原產，而是由外國引入的，所以都把它們冠以「洋」、「胡」、「番」等表示外國或外族的字。那麼，它們是由哪裏來中國的呢？是誰把它們帶來的呢？這裏，就要講講中國第一個通**西域**①的使者張騫（粵音牽），和他所開闢的「絲綢之路」的故事了。

　　漢武帝在積極準備用武力征服匈奴的同時，也在進行另一個計策，就是要聯合匈奴的敵人一起來攻打匈奴。他聽說有一個月氏國（氏，粵音支），被匈奴打敗了，月氏王也被砍了腦袋。月氏族被迫遷到西域，恨透了匈奴，一心想報仇，只是無人幫助。

小知識

①**西域**：漢以後對甘肅玉門關以西地區的總稱。狹義專指葱嶺以東，廣義則是凡通過狹義西域所能到達的地區，包括亞洲中、西部、印度半島、歐洲東部和非洲北部都在內。

武帝想：月氏國在匈奴西邊，要是漢朝和他們聯合起來，就好比切斷了匈奴的右臂，勝利就有把握了。他就下了一道**詔書**①，招募精明能幹的人去聯絡西域的月氏國。

當時誰也不知道月氏國在哪裏，去西域又要經過匈奴境地，誰敢應徵？

有個年青的**郎中**②叫張騫，膽子很大，覺得出使月氏是件很有意義的事，便報名應徵。

公元前138年，漢武帝正式任命張騫為使者，讓他帶了一百多人，並由一名匈奴降將堂邑父作翻譯，出發去西域。

可惜他們走了沒幾天，就在匈奴境內被抓了。單于對這位使者還算客氣，沒有殺他們，只是分散軟禁了他們，並把一個匈奴女嫁給張騫作妻子，如此一住多年。

張騫始終不忘使命。一天，他和堂邑父趁匈奴人看管鬆懈時騎馬逃了出來，繼續西行。一路上盡是沙漠及荒原，找不到食物和水，虧得堂邑父箭法高超，不時射殺些飛鳥野獸充飢。

十幾天後，他們來到一個熱鬧的地方，那裏的人

有着高鼻子和藍眼睛，他們以為是月氏國。一問之下，原來不是月氏而是**大宛**③國。

大宛國王早就聽説東南面有個富庶的漢朝，聽説是漢使來到，就盛情款待張騫。張騫對他説明了自己出使西域的任務，然後説：「要是您能派人護送我到月氏國去，將來漢朝皇帝一定會厚厚酬謝您。」大宛王高興地答應了，馬上派騎兵和翻譯護送張騫到**康居**④，再由康居到了月氏。

月氏國自從被匈奴打敗後，西遷到此和**大夏**⑤國合併，改名為大月氏國。這裏物產豐富，生活安定，不想再報什麼仇了。張騫在那裏住了一年多，達不到目的，只好回來。

小知識

①**詔書**：皇帝頒發的命令
②**郎中**：古代官名，管理車、騎、門戶，內充侍衛，外從作戰。
③**大宛**：在今中亞地方。
④**康居**：約在今巴爾喀什湖和鹹海之間。
⑤**大夏**：今阿富汗北部。

歸途中經過匈奴人的地界，張騫和堂邑父又被扣留了一年多。後來單于死了，匈奴發生內亂，張騫乘亂帶了妻子和孩子逃回長安。這次出使西域，一共花了十三年時間。

　　他向漢武帝詳細報告了此行的情況。這次張騫雖然沒有達到預期目的，但他到了很多地方，見到很多新鮮東西。他還聽人説，西域那裏還有幾個大國，都是物產豐富的國家，他們也想跟漢朝做生意，更有意思的是，張騫在大夏看見蜀地出產的竹杖和細布，當地人説是他們的商人從**身毒國**①帶來的。張騫想，這身毒國一定離蜀地不遠。

　　漢武帝聽了這些情況感到很興奮。他尤其對西域的**汗血馬**②和奇異珍寶感興趣，便同意了張騫的意見，再次派他出使西域。

　　這次張騫把人馬分成四隊，從蜀地出發去探路，想找到身毒後再去西域。但是每隊都只走了一兩千里就被擋回來了。張騫的一隊雖沒找到身毒，但結交了**滇越國**③，武帝也很滿意。

　　公元前121年霍去病率軍征討匈奴時，武帝召張騫隨軍出征，因為他熟悉那兒的地理形勢。征伐大勝，張

騫也立了功，被封為侯。

漢朝消滅了匈奴的主力後，西域一些國家見匈奴已失勢，便不願再向她進貢納稅。武帝就再派張騫出使西域去結交各國。

公元前119年，張騫帶了三百多人，一萬多頭牛羊和許多金銀、綢緞、布帛等，拿着漢朝的**旌節**④前往**烏孫**⑤，並把副使分別派往大宛、康居、大夏、**安息**⑥等國。張騫原想說服烏孫王共同對付匈奴，烏孫王因為不了解漢朝，就派幾十人跟張騫到長安去看看，還送了幾十匹高頭大馬給漢武帝。武帝熱情接待這些使者，並派

小知識

①**身毒國**：身毒，粵音捐篤。就是現在的印度，當時也叫天竺。

②**汗血馬**：漢朝對西域良馬的稱呼，也叫天馬或神馬。傳説此種馬高二丈多，長一丈許，全身紅得發亮，流的汗似血般紅，跑來飛快，產在大宛、烏孫一帶。

③**滇越國**：今雲南東部。

④**旌節**：旌為古代旗的一種，竿頭綴有氂牛尾，下有五彩羽毛。旌節專指古代使者所持的符節，是使者的標誌。

⑤**烏孫**：在今新疆境內。

⑥**安息**：也稱波斯。在亞洲西部。1935年改國名為伊朗。

人帶他們到各地參觀。烏孫人見到了長安及各地的繁榮景象，回去報告了烏孫王。烏孫王很高興，決定與漢朝建立友好關係，並娶了漢朝的公主。

第二年張騫病死了。他派出去的使者也陸續回到長安，那些國家也和烏孫一樣，與漢朝建立了友好關係。算了一下，張騫他們三次出使西域，共到過三十六個國家，對於溝通漢朝和西域的交通作出了重大貢獻。

自此以後，漢武帝每年派使節訪問西域各國，西域派來的使節和商人也絡繹不斷，像葡萄、石榴、核桃、西瓜等瓜果，以及鞦韆、馬戲、魔術，西域的音樂舞蹈和琵琶、胡琴等樂器也流傳到漢朝。中國的造紙冶鐵技術和貨物，尤其是絲和絲織品經過西域運到西亞，再轉運到歐洲，很受西方人歡迎，後來人們就把這來往的南北兩條路叫作「**絲綢之路**①」。有趣的是，這兩條路在地圖上看起來也正像是兩根細長的絲線呢！

小知識

①**絲綢之路**：從長安通過河西走廊到達中亞的這條路，簡稱「絲路」。

絲綢之路與「一帶一路」

古代的絲綢之路已是連接亞洲、非洲和歐洲的商業貿易路線，成為東西方之間在經濟、政治、文化等方面進行交流的要道。從運輸方式上分為陸上和海上兩條路線。陸上絲綢之路起自古都洛陽，經長安、河西走廊、中亞國家到地中海，以羅馬為終點，全長 6440 公里。海上絲綢之路是古代中國與世界其他各國和地區進行經濟文化交流的海上通道，從中國東南沿海，經過南海諸國，穿過印度洋進入紅海，到達東非和歐洲，在唐代叫作「廣州通海夷道」；到宋元時代已經與世界六十多國有海上絲路的來往，明代鄭和下西洋更是海上絲路的極盛時期。

中國國家主席習近平於 2013 年 9 月在哈薩克斯坦提出：為了使各國經濟發展的聯系更緊密、合作得更深入，可以共同建設「絲綢之路經濟帶」，形成區域大合作。10 月他又在印尼表示：中國願與東盟國家加強海上合作，共同建設 21 世紀「海上絲綢之路」。這「一帶一路」兩條路線正是在古代絲綢之路的基礎上構劃的，它配合沿線國家的需求，在平等互利原則上開展國際合作，互聯互通，體現和平、交流、理

解、包容、共贏的精神。2014年中國並率先出資 400 億美元成立絲路基金。幾年來,「一帶一路」已經覆蓋了佔世界 46 億人口的地區(超過了全世界人口 60%),生產總值達 20 萬億美元,佔全球三分之一;沿線的相關六十五個國家的貿易和投資年均增長速度分別達到 13.1% 和 16.5%,這是很了不起的成績。中國與這些國家簽訂了投資和建設的各種協定,幫助當地建設港口、修築鐵路和公路、搭建橋樑、開發礦藏、通水通電改善百姓生活條件,並開展了文化教育和學術等方面的交流、培訓工作,深得當地人民的歡迎。所以「一帶一路」是一條國際合作、共同繁榮的康莊大道、雙贏之路。

「一帶一路」路線圖

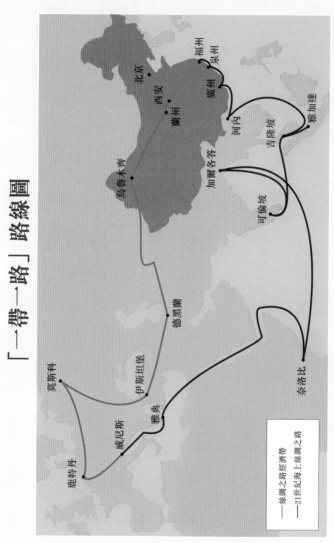

北京
福州
泉州
西安
廣州
蘭州
河內
雅加達
烏魯木齊
加爾各答
吉隆坡
可倫坡
德黑蘭
奈洛比
莫斯科
伊斯坦堡
雅典
威尼斯
鹿特丹

—— 絲綢之路經濟帶
—— 21世紀海上絲綢之路

15. 司馬遷與《史記》

　　上面我們講了這麼多帝王將相和一些歷史名人的故事，你或許要問：這些都是古時候的事情，後人怎麼能知道得這麼清楚？

　　這就要歸功於歷代的史官了。中華民族是一個非常重視歷史的民族，每個朝代都設有專業的史官來記載每天發生的大事。其中有一個傑出的史官把他所掌握的豐富史料編寫了一部偉大的歷史書——《史記》，使後人得以清楚了解自遠古到漢朝在中國發生的重要事情。他，就是中國歷史上最偉大的史學家司馬遷。

　　司馬遷能寫出《史記》，要感謝他父親對他的培養。他父親司馬談是漢武帝的**太史令**①，是位淵博的學者。他希望兒子能繼承自己的事業，寫出一部比孔子的《春秋》更偉大的歷史著作來，所以對司馬遷從小時起就進行嚴格的培養。司馬遷十歲時，就誦讀《左傳》、《國語》、《尚書》等古代史書。那年，司馬遷跟父親到長安居住，有機會廣泛閱讀大量古今圖書秘籍，也接觸到當時的一些著名人物。

　　除了「讀萬卷書」，他父親又鼓勵他去行「萬里

路」。二十歲那年，父親給了他一輛馬車，叫他到各地旅行，考察史蹟，收集史料。

司馬遷南邊到過長江流域和淮河流域，他到會稽去考察夏禹召開酋長大會的地方和禹陵；在**汨羅江**②邊憑弔愛國詩人屈原，爬過舜帝葬身的九嶷山；離開湘南後，又一路上考察大禹治水的故事。往北，他到了古代齊國魯國的首都，考察孔子孟子當年講學的遺蹟；在楚漢相爭的古戰場聽老百姓講流傳於民間的故事。凡是古代歷史中出名的地方，他都要去遊覽考察，訪問當地的百姓。他遊歷了大半個中國，擴大了眼界，增長了知識，收集了大量的史料。

回來後不久，司馬遷通過朝廷的考核，做了博士弟子。一年後，當上了郎中，得以跟隨武帝參加各種活動和外出巡視，增廣見識。

小知識

①**太史令**：官名，掌管起草文書、記載史事編寫史書，兼管國家典籍、天文曆法、祭祀等，為朝廷大臣。

②**汨羅江**：發源於江西，流入湖南。

司馬遷三十五歲那年，武帝命令他出使巴蜀以南，考察了西南少數民族地區，獲得了許多書本上讀不到的知識。

第二年，司馬談因病去世，臨終前他再三囑咐司馬遷說：「四百年前孔子寫《春秋》以來，史書斷絕。如今漢朝統一天下，上有英明的君主，下有忠臣義士，他們的事跡豐富感人，我們做太史令的應該把這些事都記下來傳給後代。我已來不及做了，你一定要繼承我的事業，把書寫出來。」

司馬遷流着淚，點頭答應了父親。

過了兩年，司馬遷接替父親做了太史令，有機會接觸政府的文書檔案。他便着手準備寫一本記載中華民族歷史的巨著，首先花了五年時間讀完了國家圖書館中的藏書，作了大量筆記。四十二歲時，司馬遷傾注他全部精力，開始了《史記》的寫作工作。

那時是公元前104年，司馬遷幾乎斷絕了一切應酬，忘掉了個人的家庭事務，一心一意埋頭於古書堆裏，着手整理出歷史的脈絡來。他日以繼夜地工作着，精神振奮，信心百倍。

但是，就在這時飛來一場橫禍，改變了他的命運。

朝廷裏有個叫李廣利的大將軍，自己沒有什麼本事，因為他妹妹李夫人是武帝的寵姬，才得以大權在握。司馬遷很看不起他，幾次拒絕了他的邀請和送禮。李廣利對他拉攏不成，懷恨在心，便到李夫人那兒去告狀，兄妹倆決計要懲罰一下這個高傲的**筆桿子**①。

這時，北方的匈奴勢力還很強，經常騷擾西域各國，又扣留了漢朝的使者蘇武。武帝決心對匈奴用兵，他命令李廣利帶兵三萬去襲擊天山一帶的匈奴。飛將軍李廣的孫子李陵精通兵法，訓練了一支五千人的騎兵，他也要求出征，武帝答允了，並命令老將路博德為他接應。李陵雖然英勇作戰，但因孤軍深入，寡不敵眾，路博德和李廣利又沒有及時援助他，以致彈盡糧絕，全軍覆沒。李陵正想拔劍自殺，卻被敵人俘虜。

消息傳來，朝廷上下震動，很多人痛罵李陵不該被俘。武帝傳令史官司馬遷，要他談談對這事的看法。

小知識

①**筆桿子**：指能寫文章的人。

司馬遷與李陵並不相熟，但他很敬重李陵的為人。要是武帝不問他，他本也想啟奏皇上說些自己的看法，所以他侃侃而談：「李陵被俘，固然罪重，但世間無常勝將軍，此次他孤軍深入敵後，已殲敵一萬多，因無援軍而失敗，至少功過相當，不應羣起而攻之。」

因為李夫人已在武帝面前常說司馬遷的壞話，說他不尊敬李廣利大將軍，目中無人等等，所以武帝一聽司馬遷的話勃然大怒：「大膽，李陵已經叛漢投敵，你還要為他辯護，盡說他的長處，而貶低李大將軍，你不想活了？」

武帝下令把司馬遷投進監獄。司馬遷沒有錢贖罪，就被處以**腐刑**①。司馬遷感到人格上受到了沉重的打擊，內心十分悲憤，幾次想自殺，但一想到父親的遺願還沒實現，不甘心就此死去。為了實現理想，他決心屈辱一生，堅強地活下去。

小知識

①**腐刑**：一種肉刑，割去男性生殖器官，使人喪失生殖能力的殘酷刑罰，雖不至於危及生命，但卻讓人蒙受極大的恥辱。

　於是他發憤寫書。經過多年艱苦的努力，在
五十三歲那年他終於完成了不朽的歷史巨著《史記》。

　《史記》共一百三十篇，五十二萬六千字，記載
了從傳說的遠古時代一直到漢武帝的全部歷史，是一
部完整的通史。其中包括本紀十二篇，記載帝王的事
跡；表十篇，即大事年表；書八篇，記載重要的典章制
度和社會經濟生活；世家三十篇，記載諸侯王孫；列傳
七十篇，記載重要人物、少數民族和鄰國歷史。基本上
是以人物傳記為中心，反映了時代的各個方面。他寫的
人物不限於帝王將相，聖賢、英雄、商人、俠客、名醫
等也是他書寫的對象。他愛憎分明，大力歌頌歷史上的
明君、賢臣、義士和農民起義領袖，對暴君和奸臣酷吏

則無情地諷刺鞭撻。歷史上的好事和壞事，他都如實地記下，不誇大不隱瞞，即使是對當時漢武帝的缺點和過失，他也恰如其分地敘述。《史記》一書不僅內容真實可靠，並且文字生動優美，人物寫得栩栩如生，是一部偉大的歷史書，也是一部了不起的文學著作，是中華民族寶貴的文化遺產之一。

真是多虧了司馬遷這位偉大的歷史學家和文學家，我們後代人才能讀到這麼多生動有趣的歷史故事，認識了我們的祖先，了解到以前曾經發生過的事。所以司馬遷一直受到人們的尊敬和愛戴。

司馬遷的《史記》用了五十多萬字記錄了從上古傳說黃帝時代到漢武帝一共三千多年的中國歷史，可是其中絕大部分事件不是他親身經歷的呀，它的真實性怎麼樣啊？

　　自漢朝到清朝，對《史記》的研究和考證一直沒有斷過，宋元之時更多。浩瀚的研究專著和論文對它的內容、文字、典故等作引證、評註和解讀，並追究一些疑案。20世紀以來，對司馬遷和《史記》的學術研究更擴大了範圍，學者和專家們以文獻為本，吸取了考古學家的工作成果，結合西方史學的理論和方法，進行了更嚴謹的分析與考證，有了不少突破性成果。例如學者王國維首次用甲骨文和金文證明了《史記》中記載的三代歷史都是可信的；學者陳直運用甲骨文、金文和秦漢的石刻、竹簡、銅器和陶器上的銘文來印證《史記》，收穫不小。連很多日本學者和歷史學家也寫了很多考證和註解著作。普遍一致的看法是：司馬遷曾親自赴各地考察，廣讀文獻，取材廣泛，寫作態度嚴謹認真，這部古代歷史巨著真實反映了古代社會每一階層、每一角落、每一方面的動態，是中國第一部規模巨大的社會史，是時代的百科全書。當然，由於歷史條件所限，書中難免會有錯謬不實之處，它的考證工作還待後人繼續不斷進行下去。

16. 假皇帝變成真皇帝

武帝之後，八歲的昭帝即位，由大將軍霍光代政，管理得井井有條。昭帝之後劉賀曾當了二十七天的皇帝，但他行為不檢而被廢。宣帝在位時漢朝又強盛了一段時期，但到了元帝、成帝時，國力一天天衰退，帝王只知享樂不問政事，大權逐漸旁落，終被外戚奪取。

漢成帝尊母親王政君為皇太后，拜大舅王鳳為**大司馬**①大將軍，把五個舅舅在一天之內都封了侯。成帝自己整日吃喝玩樂，過着奢華享受的生活，把一切政事託給王鳳，外戚王家從此掌握了朝政大權。

王家財大勢大，幾個子弟都當了大官，驕橫奢侈，顯赫一時，只有一個叫王莽的，與眾不同。

他是皇太后的侄子，因為父親早死，因此沒能封上侯，家境貧寒，地位低微。為了能出人頭地，他一方面努力讀書，把四書五經背得滾瓜爛熟；另方面他拚命巴結叔伯們，希望能得到他們的栽培。

大司馬大將軍王鳳得了重病，王莽對這位大伯像親生父親一樣伺候。他日夜守在病榻旁，親自嘗湯藥，端屎端尿，睡覺也不脫衣服。王鳳感動極了，臨終前向

皇太后和漢成帝推薦說：「千萬要照顧王莽，這個年青人實在太好了！」

因此王莽被拜為**光祿大夫**②，後來還接替他叔叔當上了大司馬，掌握了朝政大權。

王莽為了要使自己的名聲超過前輩，裝出謙恭謹慎的樣子，不知疲倦地努力工作。他還注意收羅人才，凡是來投奔他的，不論出身貴賤，他都收容，擴大自己的勢力。

為了收買人心，王莽經常捐錢、獻田、救濟貧民，自己家裏過得非常樸素。有一次，王莽的母親病了，官吏們都派自己的夫人前去探病，王莽的妻子只穿着一件破破爛爛的便服出來迎客，那些貴夫人們起初都以為她是王家的傭人呢。這樣，王莽勤儉樸素的美德就傳開了。

小知識

①**大司馬**：即以前的太尉，西漢時常用以授給掌權的外戚，常與大將軍、驃騎將軍、車騎將軍等聯稱。

②**光祿大夫**：掌管顧問、應對的官。

那時皇太后要封他，王莽説什麼也不肯接受封號和封地，經大臣們一再勸説，他只接受了封號安漢公，退了封地。王莽又特意派八個心腹大臣到各地去視察，把他退封地這事到處宣揚，各地人民都覺得他是個了不起的好人，很多人寫了歌頌他的文章，王莽的威望越來越高。這些，都是王莽為自己日後篡權在製造輿論。

漢成帝死後，換了兩個皇帝——哀帝和平帝。平帝即位時只有九歲，不能執政，國內外大事都由王莽一手包辦。平帝漸漸長大，到了十四歲那年，多少懂些事了。他看出王莽的野心不小——王莽把自己的女兒嫁給平帝，不准平帝的母親留在宮裏，還把其他外戚統統殺光，又在朝廷中到處安插自己的親信。漢平帝看得多了，有時在背地裏也會説一些抱怨的話。

王莽知道以後，怕以後平帝會對他不利，便動了殺機。在平帝生日那天，在酒宴上大臣們紛紛為平帝祝酒，王莽也親自獻上一杯帶毒藥的酒，説是為他祝壽，要他一定得喝。平帝沒有懷疑，接過來喝了。

第二天，宮裏傳出話來，説平帝得了重病，王莽表現得比誰都焦急，他寫了文告向老天爺求情，求上天讓他代替平帝去死。他有意要大家知道，卻又下令不許

「洩漏」這事。平帝死後，王莽還假惺惺哭了一場。

平帝死時才十四歲，當然沒有兒子。王莽從劉家宗室裏找了一個兩歲的幼兒立為皇太子，叫做孺子嬰，王莽自稱「**假皇帝**①」。

有些文武大臣想當開國元勳，就勸說王莽即位做皇帝。王莽當然也想當真皇帝，但他的做法有些特別，他並不是搶過王位就算數，他要先讓大家覺得王莽這個人是好，最有資格當皇帝，裝得好像是在眾人擁戴下即位的。所以他仍是常常做善事，做了善事又要設法讓別人知道。又派人到各地去鼓勵百姓上書，稱讚他的功德。

另一方面，他又利用百姓的迷信心理製造種種撲朔迷離的**符瑞**②來收服人心，比如說，平帝死後沒幾

小知識

①**假皇帝**：「假」是代理的意思，意思是代理皇帝職權的人，也稱代皇帝。

②**符瑞**：符，代表事物的標記、記號；瑞，古代作為憑信的玉器。符瑞，吉祥的徵兆，一般是指帝王受命前的預兆。

天，有個地方有人從井裏淘出一塊白石頭，石上刻着「告安漢公莽為皇帝」八個大字，這件怪事一下子就傳開了。過幾天又有人來報告説，某地的亭長做夢，夢見天使告訴他：「攝政皇帝應當做真皇帝」。又有人來報告説，某地發現一隻石牛，牛身上刻有王莽應當做皇帝的字樣；又説在漢高祖廟裏有一個銅箱，上面刻着「漢高祖讓位給王莽」的字。當然，所有這些都是王莽手下人搞的鬼，但這時的王莽不再相讓了，他説：「既然高祖已經顯靈叫我做皇帝，我不能再推辭，這是老祖宗的意思。」

王莽去向皇太后索取漢朝皇帝的玉璽，皇太后這才看清了他的野心，大吃一驚，不肯交出玉璽，後來被他逼得沒法，氣得把玉璽摔在地上。

公元8年，王莽正式即位稱帝，改國號叫新，都城仍在長安。由漢高祖開始的西漢王朝，歷時二百一十四年，到此結束。

由假皇帝到真皇帝，王莽費煞苦心，精心安排，終於達到了奪權的目的，用心之苦真是令人吃驚！

17. 昆陽大戰

　　王莽建立新朝後，企圖實行一些復古的改革，卻統統失敗，加上連年天災，逼得農民們走投無路紛紛起義，在南方和東方分別有**綠林軍**①和**赤眉軍**②揭竿而起，發展迅速。原本是漢朝姓劉的皇室子孫劉玄及劉縯劉秀兄弟，率領地主武裝部隊，打出了反對王莽、復興漢室的旗號，加入綠林軍。

　　公元23年二月，綠林軍發展到十多萬人，他們推政治經驗豐富的劉玄為皇帝，建立政權，仍然稱漢朝，定年號為**更始**③，歷史上稱劉玄為更始皇帝。從此，農民起義軍也被改稱為漢軍。

小知識

①**綠林軍**：西漢末年王匡和王鳳率領的起義軍，以湖北綠林山作為根據地，故稱綠林軍。後來都以「綠林」泛指聚集山林間反抗官府或搶劫財物的集團。

②**赤眉軍**：西漢末樊崇領導的農民起義軍，用赤色塗眉作記號，故稱赤眉軍。

③**更始**：更新了漢朝的意思。

劉玄命令劉秀和王鳳率軍打下了昆陽等三地，起義軍英勇善戰，勢不可擋。

王莽在長安接二連三收到戰敗的消息，眼見起義軍已成燎原烈火，他決定孤注一擲，來挽救垂死的命運。三月，他派**大司徒**①王尋、**大司空**②王邑徵調四十二萬人馬，向昆陽殺來，企圖收復昆陽等三地。歷史上有名的昆陽大戰爆發了。

為了助長聲勢，王莽還派了一個叫巨無霸的巨人當校尉，此人的力氣很大，連野獸也打不過他。傳說中他還能馴服野獸，因此王莽讓他帶了一批虎、豹、犀牛、大象等上陣助威。

當時駐守在昆陽的漢軍只有九千人，見王莽大軍浩浩蕩蕩開來，士兵們都退縮到城裏。一些將領怕對付不了，主張放棄昆陽，退回原來據點。

小知識

①**大司徒**：漢朝官名，相當於宰相。

②**大司空**：漢朝官名，改御史大夫為大司空，與大司徒、大司馬併稱三公。

　　劉秀鎮定地對大家說：「現在我們兵馬和糧草都缺少，全要靠大家齊心協力打擊敵人，才能取勝。如果大家散伙，昆陽一失守，漢軍被消滅，那我們以往所作的努力就白費了。目前情況緊急，只有堅守，同時派人去調兵解圍，來個內外夾攻，才能保住昆陽。」

　　大家都同意他的主張，商量結果，決定由王鳳留守昆陽，劉秀帶支人馬突圍出去討救兵。當天晚上，劉秀帶着十二個勇士，騎着好馬，趁黑衝出角門殺入敵營。他們趁敵軍不備，逢人就砍，殺出一條血路，衝出了包圍。

　　第二天，王莽的新朝軍隊就開始攻城了。四十二萬大軍把小小的昆陽城圍了幾十層。只見昆陽城外旌旗遍野，塵埃遮天，軍號戰鼓聲幾十里以外都能聽得見。

王邑王尋還調來了一批精良武器，**雲車**①、**撞車**②和**樓車**③，心想憑這些優越條件攻下這小城真是不在話下。

新朝軍隊的士兵們從樓車上不斷向昆陽城裏射箭，箭像雨點一般落下來，城內百姓到井邊打水也要背着門板擋箭。王莽軍還用撞車撞城，又挖地道想打進城去。

王鳳指揮的起義軍緊閉城門，守住險要的關口。新軍接近城牆想要爬城時，城上的滾石木棍像冰雹似地打下來，阻止他們入城。

昆陽城的守軍如此艱苦奮戰，死守了一個多月，打退了敵人一次次的進攻。

劉秀到了起義軍攻佔的定陵和郾城兩地，要把那裏的人馬全調到昆陽去。

有些將領貪圖安逸，不想離開這兩地。劉秀勸他們說：
「現在我們集中兵力打退敵人，可以立大功。要是死守
在此，敵人破了昆陽再打過來，大家都完了。」將領們
被説服了，決定帶着人馬去救昆陽。

　　劉秀親自統領三千名敢死隊向王莽軍的中堅部隊
衝殺過去，他手中的長劍上下飛舞，兵士們越打越勇，
三千人居然打退了王尋率領的一萬人的部隊，王尋也被
亂刀砍死。

　　昆陽城守軍看到劉秀率領支援部隊開到，而且旗
開得勝，馬上士氣倍增。由王鳳帶領，擂響戰鼓，吶喊
着衝殺出來，與援軍前後夾攻敵人。

　　王邑見王尋被殺，自己背腹受敵，也無心戀戰，騎
着快馬速速逃命。新軍士兵見主將逃走，全都慌了神，
有的投降，有的逃跑，自相踐踏而死的就有千多人。

　　正在此時，天空中忽然烏雲密布，狂風怒號；一
陣電閃雷鳴後，下起了傾盆大雨。巨無霸帶來助戰的猛
獸也嚇得直打哆嗦，不但不往前衝，反而向後面亂竄。
河水猛漲，與陸上的雨水連成汪洋一片。漢軍一股作氣
往前追殺：許多新軍官兵都掉進了河裏，據説屍體把河
牀都填平了。

這場昆陽大戰的結果，王莽的四十多萬大軍幾乎全軍覆沒，只有王邑帶着幾千人逃回了洛陽。

與此同時，更始帝也率軍攻下宛城，並將宛城定為國都。

不久，漢軍攻進長安城。百姓們已經認清了王莽的真面目，紛紛響應，配合漢軍一起攻入皇宮。王莽走投無路，躲進宮裏的一座**漸台**①，漢軍把漸台圍了好幾重，等漸台上的兵士把箭射完了，就衝上前去捉住了王莽。大家認為王莽這個偽君子好話說盡、壞事做絕，就在處死他之前，先把他那騙人的舌頭割掉了。維持了十五年的王莽新朝終於徹底滅亡。

起義軍在取得勝利之後，卻又發生了內亂，劉玄殺了劉縯，後來赤眉軍又殺了劉玄。而劉秀則在黃河以北站住腳跟，於公元25年自立為光武帝，以洛陽為都城，歷史上稱為東漢或後漢。最後，光武帝出兵鎮壓了綠林軍和赤眉軍等農民起義隊伍，統一了天下。

小知識

①**漸台**：四面是水的樓台。

18. 硬頸縣令董宣

　　漢光武帝建立東漢之初，由於多年戰亂和災荒，社會經濟蕭條。光武帝採取休養生息的政策，減輕捐稅和官差，精兵簡政，發展生產，因此經濟得到了恢復，逐漸繁榮，史稱「光武中興」。

　　光武帝知道打天下要靠武力，但治理天下還得注重法令。他帶頭遵守法制，並鼓勵官吏認真執法。但是要用法令去約束皇親國戚，就不那麼容易了。

　　因為光武帝劉秀出身地主，他的親戚也都是擁有大量田產的豪族地主，他們為了擴充自己的勢力，常常結交一些**亡命之徒**①。一些人犯了罪往這些地主家一躲，就能逃過衙門的追捕。這些大地主所建立的巨大田莊就像是一個個獨立的小王國，他們橫行霸道，不受法制約束。

　　但是，當時也出現了一些執法嚴明，敢於跟皇親國戚、豪強地主的不法行為作鬥爭的官吏，他們甚至不怕丟掉自己的**烏紗帽**②和性命，也要維護國家法律的尊嚴。外號叫做「強項令」的董宣，就是其中最出名的一

個。強項就是硬頸的意思，我們不妨叫他作「硬頸令」吧。

董宣是個剛直不阿、執法嚴明的清官。

他在做地方官時就已經很出名了。當時有一個大地主新建了一所富麗堂皇的住宅，房子完工後，看風水的説新房觸犯了凶神，住進去一定會死人。地主就叫兒子在門口站着，將過路的人隨便抓幾個來殺了，埋在住宅裏祭祀凶神説是避災。這個大地主在當地財雄勢大，誰也不敢管他。但董宣卻不同，他把情況了解清楚後，立即派人抓來地主父子倆判處死刑，並且立即就地執行。此事使當地一些豪強地主大受震動，從此不敢再隨便殺人了。

後來董宣被調到洛陽擔任縣令，他辦得最出色的案子就是嚴懲了湖陽公主的管家一事，他「強項令」的稱號就是那時候得來的。

小知識

①**亡命之徒**：不顧性命，作惡多端的歹徒，或指逃亡或流亡在外的人。

②**烏紗帽**：比喻官位，也叫烏紗。古代的官帽用黑紗縫成。

湖陽公主是光武帝劉秀的姐姐，也是個大地主，在洛陽城內外都有龐大的田莊和住宅。家裏奴婢有上千人。她的管家仗勢欺人，無惡不作，一次他大白天殺了人，觸犯了法律。他怕董宣治他的罪，就躲在湖陽公主家裏，靠着公主的庇護，逍遙法外。

　　董宣知道了此事，十分憤慨，決心要把犯人抓起來，依法治罪。可是他不能進公主府去搜查，就天天派人在公主府門口守着，只等那兇手出來。

　　機會終於來了。一天，湖陽公主因事外出，帶了一大羣家奴婢僕。那管家以為風頭已過，也跟隨着出門。董宣得到消息後，就親自帶着**衙役**①趕來，在途中攔住了湖陽公主的車。

　　董宣把刀往地下一指，大聲對公主說：「稟告公主，您的管家橫行霸道，殺了人，犯了法，應當判處死罪，請您把殺人犯交出來！」

　　湖陽公主見董宣膽敢攔她的車，簡直是觸犯了她的尊嚴，使她丟了面子。她便把臉一沉，很不高興地說：「董宣，你身為縣令，不要亂說一氣，我的管家怎會殺人？有證據嗎？」

　　董宣說：「證據確鑿，證人都在，我是經過調查

的，可以找人來作證！」

公主沒話可說，立刻換了語氣：「就算他真的殺了人，看在我的面上，饒了他這一回吧！」

董宣嚴肅地說：「公主不應為他求情，難道公主的管家就可以不遵守皇上的法律？公主如果包庇罪犯，要受連坐的制裁！」

董宣一聲令下，衙役們就把那兇犯揪了出來，當場處決了。

湖陽公主差點氣昏過去，她立即到宮裏向光武帝告了一狀。光武帝聽說董宣對他姐姐這麼無禮，也很生氣，立即把他找來，當着公主的面吩咐手下把董宣亂棍打死。

董宣不慌不忙地說：「叫我死，可以。但是讓我先說幾句話！」

光武帝說：「你死到臨頭，還想說什麼？」

小知識

①衙役：衙門裏的差役。

董宣說：「陛下賢明，才能中興漢朝，還制定了法令，鼓勵官吏認真執法。我無非是公正地執行了法律，卻要斷送性命。陛下自己破壞法律，怎麼向百姓交待？怎麼治理好國家呢？您不必打我，我自殺就是了。」說完他就一頭向殿內的柱子撞去，頭破血流。

光武帝心中也覺得自己理虧，他急忙叫人把董宣拉住。但為了照顧姐姐的面子，他叫董宣給湖陽公主磕個頭賠個不是，就了結此事。

董宣不服氣，不肯磕頭。光武帝叫人把董宣拉到公主面前，按着他的腦袋叫他下跪磕頭。董宣坐在地上，兩手撐地，挺着腰桿，死也不肯低頭。

光武帝見了哈哈大笑：「你這個強項令，真拿你沒辦法！」他對公主說：「董宣是為了維護國家法律才這樣做的，我不能處治他，你再找個能幹的管家吧！」

過了幾天，光武帝為了表彰董宣執法如山的作風，獎給他三十萬錢，董宣把這錢全都分送給衙門裏辦事的人。從此「強項令」的名聲傳開了。

19. 白馬馱來了釋迦牟尼

　　漢光武帝在位時，為了鞏固統治，大力提倡儒家的孔孟之道。他非常尊重讀書人，在京城辦了一所太學，設立了五經博士，讓一些熟讀經書的人在裏面講學。儒家的忠孝節義等學說，對維護封建的專制統治起了很大作用。光武帝死後，兒子劉莊即位，稱漢明帝。

　　一天晚上，漢明帝夢見一個又高又大的金人，頭頂上圍繞着一道耀眼的白光，使他顯得十分威武尊嚴。這個金人繞着大殿飛行，忽然升上天空，往西飛走了。

　　明帝醒來，猜不透夢中的金人代表什麼。這個夢是吉兆還是凶兆？

　　第二天早晨上朝時，漢明帝就把這個夢講給文武大臣聽，請他們幫他**圓夢**①。

　　大臣們聽完了這個夢，你看我，我看你，誰也說不出個所以然來。最後，劉莊的兄弟，被封為楚王的劉

小知識

①圓夢：分析、解釋夢。

英開口說：「皇兄，您大概夢見佛了。我聽西域來的佛教大師說，佛高一丈六尺，通體是黃金的顏色，頭上戴有日月的光輝，這不跟您夢見的金人一樣嗎？」

博士傅毅也說：「**天竺**①有個神，名叫佛，陛下夢見的准是天竺的佛。佛給您託夢，這是吉祥的預兆。陛下要齋戒沐浴，並派人到西域天竺國去取經求佛。」

他們所說的佛，就是佛教的創始人釋迦牟尼。他大約出生於公元前565年，原是個王子，過着養尊處優的日子。但是他不滿意自己的生活，覺得人世間充滿着生、老、病、死的痛苦，應當想辦法解脫。二十九歲那年，釋迦牟尼離開了自己的雙親和妻兒，出家去修道。他在一棵菩提樹下冥思苦想了七年，終於大徹大悟，進入了一個至高無上的精神境界，成了「佛陀」，創立了佛教。他到處宣傳佛教的道理，傳教四十多年，收了不少信徒。佛教成了印度的一大宗教。他死後，他的弟子們把他生前的學說記載下來，編成書，就是佛經。

佛教的重要教義是因果報應的「**輪迴**②」，意思是人如果一世行善積德，來世就會有好結果，而且子孫也能受惠，這種思想，很易被一般老百姓所接受，也符合統治者的需要。

劉英和傅毅的話引起了漢明帝的好奇心。他就齋戒沐浴，鄭重其事地派郎中蔡愔和秦景等人，帶了黃色和白色的上等絲綢，到天竺國去取經求佛。

　　蔡愔和秦景等人經過長途跋涉的艱苦旅行，終於來到天竺國，找到了佛教大師，向他們介紹了漢朝的情況以及漢明帝要取經求佛的願望。佛教大師們認為漢明帝派人不遠萬里前來取經，確是出於虔誠的心情，就派兩位**沙門**③帶着許多**貝葉經**④，到中國來講經傳教。

小知識

①**天竺**：是古代中國對今日印度和巴基斯坦等南亞國家的統稱，《史記》上也稱為身毒，是梵文的音譯。《後漢書》中記載「天竺國」一名身毒。

②**輪迴**：佛教認為有生命的東西永遠像車輪運轉一樣，在天堂、地獄、人間等六個範圍內循環轉化，所以人有前世和來世。

③**沙門**：高級僧人，或出家佛教徒的總稱。

④**貝葉經**：寫在貝葉上的佛經。貝葉是貝多羅樹的葉子，此樹長在天竺。常綠喬木，高十多米，莖上有環紋，葉子大，寬闊堅韌，可做扇子，也可代替紙用來寫字。

公元67年，蔡愔和秦景帶着兩個沙門，用白馬馱着佛像和四十二章佛經，從西域回到了洛陽。

漢明帝雖然不懂佛教，但對沙門很尊敬。他下令在洛陽城的西面，按照沙門提供的圖樣修建了中國的第一座佛寺，取名叫白馬寺，並把送經的白馬也供養在那兒。兩位沙門就住在寺內把貝葉經翻譯成漢文。

自此以後，佛教就在中國廣泛傳播開了。後來，

有些佛教徒和皇室人員對佛教進行了一些改造，把中國儒家的孔孟之道也摻和進去，使它變得更符合中國的風俗習慣。所以現在流傳在中國各地的佛教是一種中國式的佛教，而佛像上的釋迦牟尼，老家卻是在亞洲西部的印度，是由一匹白馬馱到中國來的呢！

20. 班超投筆從戎

漢明帝時，出了一位著名的人物班超。他以過人的智慧，出色的外交手腕，對重新維繫和增進同西域各國人民的友好往來，起了重大的作用。

班超是大學問家班彪的兒子。光武帝建立東漢後，請班彪整理西漢的歷史。班彪有兩個兒子，班固和班超；一個女兒叫班昭，他們都從小跟父親學文學和歷史。

班彪去世後，漢明帝任命班固為蘭台令史，繼續完成歷史書的編寫工作。班固和妹妹班昭終於寫成了《漢書①》。當時家境貧困，班超只好到衙門去抄寫公文信件，但他心懷遠大的志向，不甘心自己的一輩子就這樣庸庸碌碌度過，總想在軍事方面為國家作些貢獻。

有一天，他抄完了一件公文，突然煩惱地把手中的筆一扔，歎口氣說：「男子漢大丈夫應該像張騫那樣，在異域立功，怎麼能老是在筆硯之中過日子呢？」

就這樣，他決心拋棄這文書工作去從軍。公元73年，他投到大將軍竇固門下，跟他去攻打匈奴。班超作戰勇敢，屢立戰功。

戰爭結束後，竇固想採用漢武帝的辦法，派人聯合西域各國共同對付匈奴。他很賞識班超的才幹，就報請漢明帝批准，任命班超為假司馬，出使西域。

班超等一行三十六人長途跋涉來到**鄯善**②。鄯善國這幾年被迫向匈奴納稅進貢，很不滿意，見到漢朝的使者來到，便殷勤地招待他們。

但是沒過幾天，鄯善王對他們的態度忽然冷淡了起來。班超對隨從說：「我看一定是匈奴的使者來了，所以鄯善王舉棋不定，冷落了我們。」

正巧鄯善王的僕人送酒菜過來，班超裝着早就知道的樣子說：「匈奴的使者已經來了幾天了，怎麼一直沒看見？他們住在哪裏？」

這本是保密的事，僕人料不到他有如此一問，嚇得目瞪口呆。經不起班超再三迫問，他就一五一十全講

小知識

①**漢書**：一部記載漢朝歷史的書，是中國歷史上繼《史書》後另一部歷史名著。

②**鄯善**：鄯，粵音善。西域一個較大的古國，在今新疆南部若羌附近。

了出來。班超怕他走漏消息，先把他關了起來，然後召集三十六人共謀大計。

班超說：「如果我們不採取措施，鄯善王畏懼匈奴，很可能會把我們抓起來送給匈奴，我們的屍骨也回不了鄉哩！怎麼辦？」

一伙人都說：「你說怎麼辦就怎麼辦吧！我們聽你的。」

班超說：「好，**不入虎穴，焉得虎子**①！現在只有趁早殺了匈奴使者，才能逼得鄯善王對漢朝友好。」大家一致同意，就分頭去作準備。

當天晚上，北風呼呼地颳着，班超率領眾人偷襲匈奴使者帳篷。他吩咐十人拿着鑼鼓躲在帳篷後面，二十人手持武器埋伏在帳篷前邊，他自己帶了幾個人順風點火，並衝進帳篷先把使者和他的貼身隨從殺了。

火一燒起來，帳篷後的人就擂鼓吶喊，匈奴人驚醒後紛紛逃出來，被埋伏在那兒的二十人一一解決。一共殺死匈奴人三十多個，燒死百多個。

鄯善王嚇得連忙同意向漢稱臣。班超有勇有謀，行動果斷，順利完成第一次任務，漢明帝提拔他做軍司馬，也派他出使于闐②，本來想叫他多帶些人去，可是

班超説：「人多了反而麻煩，三十六人足夠了。」他仍是帶了上次的三十六人去。

于闐王見班超的隨從很少，對他很冷淡。班超勸他脱離匈奴，與漢朝友好，于闐王很猶豫，説是要請教巫師。巫師反對與漢友好，對于闐王説：「你結交漢朝會觸怒神的，快去把漢朝使者騎的馬討來宰了祭神，神會饒恕你的。」

于闐王真的去向班超討馬，班超説：「我這匹駿馬很珍貴的，巫師親自來拿我就給。」

巫師神氣活現地來了，班超二話不説，一刀砍下了巫師的頭，責備于闐王不識時務，不講友好。于闐王早就聽説了班超在鄯善的事跡，只得乖乖稱臣，還主動殺了匈奴派駐在那裏「監護」的使者。

小知識

①**不入虎穴，焉得虎子**：不進入老虎窩，怎能捉到小老虎。比喻不冒險，不能成事；或是不經過最艱苦的實踐，不能取得重大成就。

②**于闐**：闐，粵音田。今新疆和闐。

班超繼續到其他西域國家去游説，經過他的努力，西域五十多國全都歸附了漢朝。

　　班超被任命為西域**都護**①，負責監視匈奴，保護西域各國。當東漢政府要調回他時，西域人民都不願他走，有的甚至抱住他所騎的馬的腳來挽留他，班超只好不違民意，繼續留在西域生活。從公元76年至102年，班超在西域的近三十年間始終控制着局勢，使西域各國與漢朝保持着友好關係，同時，中國與西域之間的絲綢之路又重新暢通，展開了經濟、文化等各方面的交流。班超的一生功業，確是值得後人大書特書。

小知識

①**都護**：即總監，西域都護即駐在西域地區的最高長官。

21. 孔融的幾個小故事

　　漢明帝和章帝在位的三十年間，東漢社會比較穩定。但是自漢和帝起，即位的皇帝都年幼，由太后執政，形成外族專權的局面；皇帝長大後就依靠身邊**宦官**①的力量撲滅外族勢力，權力轉入宦官手中；以後外戚集團又利用皇帝對宦官的不滿，捲土重來。如此，東漢朝廷上就出現了外戚與宦官爭權的惡性循環，國勢就一蹶不振了。下面我們要講的孔融的故事的背景，就是人們反對外戚和宦官爭權的年代。

　　孔融是孔子的後代，相傳是孔子第二十四代孫子。他們兄弟七人，孔融排行第六。這幾個孩子從小熟讀四書五經，受到良好的教育，孔融尤其聰明伶俐，明白事理，很受疼愛。

　　孔融的老家經常有人送些應時的瓜果來，其中最受歡迎的是山東的萊陽梨，這種梨皮薄肉厚汁多，孩子們都很喜歡吃。

小知識

①**宦官**：君主時代宮廷內侍奉帝王及其家屬的人員，由閹割後的男子充任，也叫太監。

奇怪的是，孔融不像他的幾個兄弟，每次吃梨的時候，都一湧而上，各自挑選最大的梨吃，孔融卻從不和弟兄爭奪，當他拿梨的時候，總是挑選一隻最小的。

他的媽媽發現了這件事，覺得很奇怪，以為孔融不愛吃這種梨。有一次就問他了：

「融兒，你不愛吃這種梨，是不是？」

「不，媽媽，這種梨很好吃，我很愛吃。」

「那為什麼你每次都拿小的，不拿大的呢？」

孔融説：「媽媽，我年紀小，當然應當吃小的，大的讓哥哥們吃。」

媽媽聽了很吃驚，想不到年僅四歲的孔融那麼懂事。他的哥哥們聽了也都很慚愧，就此養成弟兄間謙讓的風氣，再也不爭吃大梨了。

孔融長到十歲那年，正是朝中宦官得勢橫行的時候，當時的**司隸校尉**①李膺不畏權貴，嚴懲犯了法的兩個宦官，因此與宦官結了仇，但他在知識分子中的聲望卻更高了。他們認為李膺是反對宦官亂政的**中流砥柱**②，讀書人的精神領袖，紛紛前來想見見他。

一天，孔融跟父親到京城去玩。孔融很景仰李膺，佩服他的為人，想去拜訪他。但李膺家門禁森嚴，

除了名人及極要好的朋友以外，一律不接見。

　　孔融來到李膺家門口，對門吏深深一鞠躬，說道：「我是李相公的**通家**③子弟，特地來拜見相公，請你代為通報。」

　　門吏從沒見過孔融，但見這十來歲的孩子彬彬有禮，就代為引見。

　　李膺見了孔融，問了他的名字後說：「是不是你的祖父認識我？」

　　孔融回答說：「不是，但是先祖孔子與您的先祖**李耳**④是好朋友，那也就算得上是通家世交了。」

　　李膺一聽哈哈大笑，很佩服孔融的聰穎機靈，連聲說：「有道理，說得有道理！」

　　正好李膺有個朋友來訪，李膺就笑着把這件事告訴他，說：「瞧這孩子多聰明啊！」

小知識

①**司隸校尉**：負責糾察京師百官及附近各郡的官吏。

②**中流砥柱**：中流，河流中間；砥柱，山名，原為河南三門峽東的一個石島，屹立於黃河急流之中。比喻能擔當重任，起支柱作用，支撐危局的人或堅強力量。

③**通家**：指兩家交誼深厚，如同一家。

④**李耳**：春秋時期思想家，道家的創始人，習慣上稱他為老子。

那朋友隨口說：「**小時了了，大未必佳①。**」

孔融眼珠一轉，馬上接口說：「先生，我看你一定也是『小時了了』的吧。」

那朋友尷尬得臉上紅一陣白一陣，李膺聽了大笑不止：「高明，高明，這孩子將來一定有出息！」他越發喜歡孔融了。

過不多久，宦官集團看到包括外戚在內的世家豪族和太學生聯合起來結成黨派反宦官，就寫誣告信給朝廷，由皇帝下令開始了對黨人的大捕殺，即歷史上有名的兩次「**黨錮之禍②**」。

孔融年紀雖小，但很明事理，對宦官的胡作非為很看不入眼，心中很同情被迫害的黨人。

當時被迫害的人中有一個名叫張儉的，因為他在山陽一地做**督郵③**時，曾經上書告發當地大宦官侯覽依仗權勢強搶民女和侵佔土地的事，並沒收了侯覽強取到的資產，侯覽就唆使張儉的一個同鄉，誣告張儉串同二十四人結黨謀反，朝廷下令捕捉張儉等人，張儉到處逃亡，他逃到哪裏，哪裏的百姓就接待和掩護他。張儉和孔融的哥哥孔褒是朋友，一天，張儉被宦吏追得無路可走，就逃到孔家敲門。

那天正好是孔融去應門，張儉問他：「孔褒在家嗎？」

孔融回答說：「哥哥不在家。」

張儉因與孔融不熟，不想連累他，轉身就要離開。孔融見他氣急敗壞的樣子，猜出是有人在追捕他，便喚住他：「等一等，我哥哥不在家，我也可以作主的，請進來吧！」

孔融把張儉安頓在內室，並稟告了母親。孔褒回來後誇獎孔融做得對。弟兄倆把張儉留了好幾天，後來張儉設法逃到塞外去了。

衙役接到線報說張儉躲在孔家，便氣勢洶洶來抓人，沒捉到張儉，就把兄弟倆抓了去。

小知識

①**小時了了，大未必佳**：「了」意為明白。指人小時聰明，大了未必有出息。

②**黨錮之禍**：宦官們把這批黨人釋放了，但不許留在京城，一律回老家，並把名字通報各地，罰他們一輩子不得做官。錮，即禁錮、限制的意思。

③**督郵**：漢代各郡的重要屬吏，代表太守督察縣鄉，宣達教令，兼獄訟捕亡等事。

在衙門裏出現了弟兄爭相認罪的一幕：

孔融說：「是我把張儉藏起來的，哥哥並不知道，應該定我的罪！」

孔褒說：「不對！張儉是我的朋友，他是來找我的，他根本不認識我弟弟。應該抓我！」

地方官正在吃驚時，孔老太太也趕來了，她用身子擋着弟兄倆，對地方官說：「我丈夫過世了，我是一家之主，一切由我負責。這兩個孩子懂什麼！要關就關我吧！」

一家三口竟爭着認罪坐牢！地方官決定不了，只能報到朝廷去判決。最後判下來由孔褒坐牢，釋放了孔母和孔融。

孔融的品德高尚，學問又好，後來當了很大的官，他的文學修養尤其好，被後人譽為「**建安七子**①」之一。

小知識

①建安七子：建安為漢獻帝年號，建安時代因為曹操父子都是文學家，提倡文學，愛護文人，因此文學繁榮，形成一個以三曹七子為中心的文人集團，三曹即曹操、曹丕、曹植；七子是孔融、陳琳、徐幹等七人。

孔融讓梨的故事我們都很熟悉了，但是具有高尚品德的孔融長大後的事跡卻不為人所知道，這是為什麼呢？

孔融讓梨一直是作為教育我們弟兄之間要互相謙讓、互助友愛的範例。這裏還介紹了孔融少時獨闖名人李膺家與譏笑他的人從容對答，以及庇護了受迫害的黨人之後與哥哥及母親爭相認罪受罰的兩件事。這三個故事都說明了孔融自幼是個知書識禮、聰明機智、正直勇敢的孩子，譏笑他的人說「小時了了，大未必佳」；但有眼光的李膺卻說他「銳氣盡出，這麼聰明的孩子將來肯定能成大器」。果然，日後孔融以博學才俊出了名，當了官，但他的仕途不順利，因為他嫉惡如仇，舉報貪官污吏，遭人排擠。他當中郎將時因出言公正，被董卓懷恨在心，派去管理北海。漢獻帝時孔融被封為太中大夫，他忠於漢室，言論往往反傳統，並多次反對曹操的意見，如反對恢復肉刑，主張不封諸侯等，激怒了曹操，被加以「圖謀不軌、毀謗朝廷」等罪名而處死了他及其全家。

正因為曹操加給孔融身上的罪名很重，所以當時的史學家和文人都不敢為孔融立傳，連《三國志》中也缺了他這位孔子後代、天下名士的名字；他的作品也大部分流失，所以

後人都不了解孔融成人後的情況。直到最近，人們對孔融的文學才能和政治品格才有了公正的評價。最近聽說有孩子聽了孔融讓梨的故事後說孔融傻，有大梨為何不拿？希望這僅是玩笑之言，孔融的這幾個小故事永遠是值得我們世代相傳，學習他的優秀品質的。

22. 黃巾起義

東漢後期，宦官和外戚爭權奪利，漢靈帝又昏庸糊塗，以致貪污成風，王朝腐敗；加上全國連年鬧水旱災和蝗災，廣大百姓沒有活路了，只有奮起反抗。中國大地上又燃起了起義的烈火，大大小小的農民起義爆發了百餘次，都先後被鎮壓下去，但是更大的起義在醞釀中。

巨鹿郡有弟兄三人：張角、張寶和張梁，三人都很能幹，還樂於幫助別人。老大張角讀過書，懂些醫道，他免費替人看病，治好了不少人，很受人們的尊敬。

張角眼見老百姓生活在水深火熱之中，很想把他們從痛苦中解救出來，讓大家生活在安樂的太平世界中。他決定用宗教來團結大家，便創立了一種教門，叫「太平道」，自稱「太平道人」，一邊為人治病，一邊傳教和宣傳革命思想。張角又收了些弟子，並派弟子和他的兩個弟弟張寶和張梁周遊全國去傳道。窮苦農民只想擺脫貧困的生活，盼望不愁吃穿的太平日子，所以紛紛信奉太平道，把張角看成是自己的救星。大約花了十年的時間，太平道傳遍全國，信徒發展到幾十萬人。張角把

他們組織了起來：八個州的信徒分為三十六方，每方有六、七千人到一萬人，各有首領，由張角統一指揮。

張角還制定了十六字起義口號：「**蒼天**①已死，**黃天**②當立，歲在甲子，天下大吉」。定在甲子年，即公元184年的三月五日，八個州同時發動起義。

張角還叫人在洛陽和地方的官府門上用白土寫上「甲子」兩字，標明這些衙門到時候就會改換主人，以此來鼓舞鬥志。

張角手下最得力的弟子馬元義先到洛陽部署起義。不料在預定起義日期的前一個月，由於叛徒寫信給官府告密，起義的消息被洩露了。官府逮捕了馬元義和

小知識

①**蒼天**：蒼天是指東漢。

②**黃天**：黃天是指起義軍要創造的天下。

③**郡縣**：郡和縣的合稱。郡縣制形成於春秋戰國時期，是中央管理之下的兩級地方行政制度，否定了分封制，有利於維護國家統一。秦漢時期的郡和縣有統屬關係，郡的下一級機構是縣或道，據漢順帝時的記載東漢共有105個郡。郡守和縣令都是皇帝直接任免的。

一千多個起義者，在洛陽街頭當眾殺害，鮮血染紅了幾條街道。政府還下令逮捕張角。

事態嚴重，起義面臨夭折的危險。張角當機立斷，通知各地的組織立即發動起義。

二月的一天，三十六方同時起義，起義軍用黃巾裹頭，作為「黃天」的標誌。張角三兄弟分別為天公將軍、地公將軍和人公將軍，共同指揮戰鬥。

起義軍攻打**郡縣**③，火燒官府，打開監獄釋放囚犯，打開糧倉為窮人分糧，嚴懲貪官污吏和土豪劣紳……黃巾在地面人似潮水般流動，又似熊熊的烈火燒毀着腐朽王朝。不到十天，全國各地紛紛響應，起義軍從四面八方向洛陽湧來。

各地告急文書像雪片般飛向京都，漢靈帝慌忙召集大臣商量對策。後來決定派出兩路大軍前去鎮壓起義，同時下令各州郡自己招募人馬對付黃巾軍。這樣一來，各地宗室貴族、州郡長官、地主列強都借機擴張勢力，爭奪地盤，把國家搞得四分五裂。

老奸巨滑的皇甫嵩率領的政府軍見黃巾軍結草為營，就用火攻的辦法燒營，使黃巾軍大受挫折。

張角兄弟率領的黃巾軍一直很順利，可惜在戰鬥的關鍵時刻張角因勞累過度而臥牀不起，他在臨終時望着自己的兄弟和信徒突然高聲喊道：

「蒼天已死，黃巾不滅；萬眾一心，天下大吉！」

這位一心為民除病，指望天下大吉的起義軍首領壯志未酬，死不瞑目。

政府軍趁機向黃巾軍加強進攻，張梁、張寶帶領將士與敵人作殊死搏鬥後，終因勢孤力單而先後英勇犧牲。

黃巾軍的主力雖然被東漢政府鎮壓了下去，但是各地的黃巾軍化整為零，堅持戰鬥達二十年，沉重打擊了東漢朝廷的統治，東漢已是名存實亡了。

23. 中國人的宗教

大家都知道，在宗教信仰方面，西方國家有基督教，亞洲流行佛教，中東阿拉伯一帶有回教。那麼，中國人的宗教是什麼呢？有人說是佛教。佛教雖然在中國有眾多信徒，流傳很廣影響很大，但它不是中國本土的宗教，而是產生於印度。其實中國有其固有的傳統宗教，那就是道教。

道教的「道」是什麼意思呢？「道」是道路的意思，這裏是指經過修煉成神仙的道路和方法。

世上的人們都希望自己能活得快樂，能長生不老，好似傳說中天上的神仙一般。怎樣能做到這些呢？自古代起就有人從事這方面的研究，有的人主張靜心修煉成仙，有的人專攻研究煉製仙丹服用。連秦始皇也在修築了阿房宮後，一心要延長壽命盡情享受，曾多次遣人煉「仙人不死之藥」，並兩次派徐福出海東渡去找仙丹。那些吹噓**煉丹術**①的方士們也藉此賺了達官貴人的

小知識

①**煉丹術**：中國古代方士的法術。「丹」即丹砂，將丹砂放於爐火中燒煉藥石的，叫外丹；以靜功和氣功修練精、氣、神的，叫內丹。

不少錢財。

東漢末年有一個叫張陵的**太學生**①，專門研究儒家學說，又喜歡思考問題。他覺得儒家思想是教人從善，統治者以仁政管理好國家，老百姓循規蹈矩嚴守本分，這樣可以使天下太平。但是怎樣才能使大家活得長久些快活些呢？儒家學說並沒有解答這個問題。

張陵對這個問題很感興趣，他毅然放棄了學習儒學，從江南來到四川的**鶴鳴山**②修道，學習和研究可以使人長生不老的神仙真術。

張陵以先秦道家老子的《道德經》為經典，把老子提出的「道」作為根本信仰，拜老子為教主，結合中國古代的巫術和求仙方術，並吸收了巴蜀民間的原始信仰，創造了「五斗米道」，這是道教的起始。為什麼叫這麼一個奇怪的名字呢？原來張陵規定，凡是入教的人都要交五斗米，作為對教會的捐獻。

張陵在四川廣泛傳道，並著作道書。因為他宣揚的是多多行善，就能長生不老，修煉成仙，所以很受中下層人民的歡迎。人們在今世挨罪受苦，信了教後就能逆來順受，多做好事，以求得心靈上的滿足，日後可以成仙，過神仙般的快活日子。

當時是公元二世紀，世上已有了幾大宗教。基督教認為上帝是唯一的真神，回教徒則奉阿拉為真神，佛教的神是釋迦牟尼。道教卻不同，他們認為只要認真修煉自己，努力行善，人人都有機會得道成神仙。傳說張陵的兩個徒弟修煉到家後，曾服用了長生不老仙丹，在眾目睽睽下冉冉升上天成仙了。

張陵還用古代的巫術替人治病。他治病不用藥，而是在紙上畫一些奇形怪狀的符號，唸一些誰也聽不懂的神秘咒語來驅逐病魔，又傳說他會一些法術，能為百姓捉妖避邪，教人化凶為吉，延年益壽。

張陵死後，他的兒孫繼續傳道。孫子張魯曾佔據漢中地區，建立了政教合一的政權，自稱是「師君」，使五斗米道廣為傳布。張魯治理地方很有辦法，三十年內使漢中成為一個民生安定的地區，他曾在管轄區內設

小知識

①**太學生**：中國古代的大學生，太學是傳授儒家經典的最高學府。

②**鶴鳴山**：也叫鵠鳴山，今四川省崇慶境內。

了一些免費的旅舍，過路旅人可以隨便去投宿和取食酒肉。他又提倡道徒間實行互幫互助，團結友愛，所以信道的貧苦農民很多。

後來，張魯的兒子張盛正式尊張陵為張天師，奉他為道教創建人，所以張陵創建的「五斗米道」也稱為「天師道」。老子則被奉為是主宰宇宙萬物的最高天神，稱他為「太上老君」。

至今我們還可在全國各地見到多座道教名山，如東嶽泰山，南嶽衡山，西嶽華山，北嶽恆山，和中嶽嵩山，這些山上都有無數座道教廟宇。

24. 紙是怎樣發明的？

紙，在我們生活中無處不在。要寫字了，隨手拿起一張張的白紙，把字寫在上面，既方便又美觀；要看書了，手中的書也是由印着字的紙一頁頁裝訂而成的，既輕巧又靈便。在我們看來，紙是太普通的不值錢的東西。你有沒有想過，假如我們生活裏沒有紙，將會怎麼樣？就是這薄薄的一層東西，當年我們的祖先在設法得到它時，卻是費煞了苦心！

紙的發明，只是一千多年前的事。在這之前的漫長日子中，我們的老祖宗是沒有紙用的。

最早的時候，人們把文字刻在龜甲獸骨和青銅器上，那時候使用的是甲骨文和**金文**①。

春秋時期，筆出現了，人們就刀和筆並用，把字刻或寫在**竹簡、木牘**②上，串起來成冊。你看，「冊」字不正是被串在一起的小片片嗎？

小知識

①**金文**：古代銅器上鑄或刻的文字，也叫鐘鼎文。

②**竹簡、木牘**：古代人把竹子或木板劈成一尺，寬半寸的狹長竹木片，經過刮削修整，用來在上面書寫文字，這種竹片木片就叫竹簡、木牘，用繩子串起叫冊。

這種竹、木的文字書沿用了好幾千年，在發明紙之前一直是我國主要的書寫工具。你可以想像到，用這樣笨重的材料來寫字，是多麼不方便。據說西漢有個文人叫東方朔的，給漢武帝寫了一封建議書，就用了三千多根竹簡，由兩個大力士汗流浹背地抬進宮去。戰國時有個學者出門講學，隨身帶的書就裝了五車子，所以有了「**學富五車**①」的典故。

人們發明了毛筆以後，就在絲帛上寫字，叫做「帛書」，帛書可以捲起來，攜帶方便。所以現在人們還把「卷」作為書的計數單位。

可是，絲帛很貴，一般人用不起，只有皇室貴族人家才用。

西漢時，出現了一種麻製的紙，是用植物纖維造紙的開始。但是這種紙很粗糙，不能用來寫字，只能用以包裹東西或作襯墊等。

所以，人們迫切需要一種比絲帛便宜、比竹木簡輕便的材料來作書寫材料。東漢人蔡倫經過多年研究，終於解決了這個問題。

蔡倫是東漢桂陽人。漢明帝末年，他來到京城洛陽，進宮當了太監。他很聰明，又有學問，心靈手巧，

所以後來調他去掌管宮廷的手工業作坊，監製各種兵器。他精於製造，產品的質量都很好，皇帝很信任他。

他看到當時書寫很不方便，決心研究改良造紙的方法。

蔡倫仔細研究前人造麻紙的經驗，發現主要原理是把麻的纖維搗爛，壓成薄片，但因工藝簡單，所以造出來的紙很粗糙。他就把工藝做得精細些，把麻搗得很爛很細，如此壓出來的紙細膩得多，但麻本身有些纖維壓不碎，而且成本很高。

蔡倫進一步想，麻能造紙，是因為它有纖維，那能不能用其他含纖維的廉價物品來代替呢？他用破布、破魚網、樹皮，麻頭等不值錢的東西做原料，做出的紙成本是低了，但裏面仍是有一些搗不爛的纖維，使紙不夠光潔，還不能寫字。

後來蔡倫又在紙漿裏加上石灰作腐蝕劑，並使紙漿漂成白色。最後他發明了把紙漿兌了水調稀，倒在大

小知識

①**學富五車**：形容讀書多，學問深。

木槽裏，然後用細簾子去撈浮在上面的細紙漿，這層細薄又均勻的紙漿晾乾後揭下來就是一張潔白細膩的紙了。公元105年，蔡倫改進造紙技術終於成功，製出了又便宜又可書寫的紙。

蔡倫把製出的紙獻給朝廷，漢和帝見了十分高興，要他繼續改良，並擴大造紙規模，推廣到全國各地。

後來，漢安帝為了表彰蔡倫對造紙技術的貢獻，封他為龍亭侯，所以人們把他監製的紙叫做「蔡侯紙」。

紙是**文房四寶**①中最後發明的一種。到了公元三至四世紀，它已取代帛和簡，成為我國唯一的書寫材料了。紙的發明，對保存古代文化遺產，發展和交流科學和文化，起了很大的作用。

　　蔡倫改進的造紙法最先在公元三世紀傳到東面的朝鮮，公元七世紀由朝鮮傳到日本；八世紀時經中亞傳到阿拉伯，十二世紀後再由阿拉伯傳到歐洲，十六世紀時又傳到了美洲。中國**四大發明**②之一的造紙術終於傳遍全世界，為世界文化發展作出重大貢獻。當年蔡倫不斷鑽研，不甘心失敗，精益求精的研究和實踐精神，是值得我們後人好好學習的。

小知識

①**文房四寶**：指筆、墨、紙、硯，是書房中常備的四種東西。

②**四大發明**：紙、印刷術、指南針和火藥，都是中國人發明，然後相繼傳入世界各地，是中國對於世界文明的四大貢獻，通稱四大發明。

古為今用的造紙工藝

關於蔡倫造紙的傳說有十三個之多。在一千九百年的歷史中這些故事在民間相傳，深入人心。可貴的是：從中我們不僅看到了古人驚人的智慧和創造力以及堅韌不拔的鑽研精神，而且這些故事有極高的科學價值。因為傳說中都談到了蔡倫造紙的一些技術問題，造紙過程中的挫、搗、抄、焙幾個基本環節至今依然是大機器生產紙張的主要技術環節。

何況，目前中國很多地方還保留着這樣的手工造紙的方式，又叫土法造紙，指不用機械或只用非常簡單機械的方法來製作一些具有特殊用途的紙張。這種傳統手工造紙有一整套生產工序，不管採用什麼原料，基本上幾個步驟都是大同小異：泡料、煮料、洗料、曬白、打料、撈紙、榨乾、焙紙。製出的手工紙約有二百多種，分為文化用紙（供書畫用的宣紙等）、生產用紙（鞭炮用紙、紙傘紙扇用紙等）、衛生用紙和祭祀用紙（焚燒時會卷曲的黃表紙等）四大類。雲南的民族手工造紙有着悠久的歷史，如彝族、白族、納西族、傣族等，甚至還保留着一些古代作坊的遺址。四川夾江手工造紙博物館和雲南高黎貢手工造紙博物館內都全面展示了手工造紙這一古老的工藝和文化，具有很高的歷史、文化和科學價值。造紙這一工藝，是古為今用的極好範例。

25. 探究天地的張衡

你是不是常常會坐下來思考一些問題，比如說望着天，就會想：天究竟有多高，有多大？星星數不數得清？看着地，就會想：地球為什麼是橢圓的？地球為什麼會自轉和公轉？為什麼會有地震？思考是研究的前奏。一千多年前的張衡就是因為常常思考這些問題，探究這些問題，才有了重大的發明，成了偉大的科學家。

公元119年九月的一天，洛陽城裏如同平常一樣，車水馬龍，人來人往，熙熙攘攘，好不熱鬧。

突然之間，地動山搖，房屋嘩嘩地倒塌了，地上裂開大縫，把人畜吞噬下去；人們驚慌地四散奔逃，被磚瓦擊中的人們淒聲號哭，死傷無數。

震動停止以後，人們含着眼淚收拾破碎的家園，埋葬死亡親屬的屍體。與此同時，人們也在紛紛議論着：鬼神顯靈了，上天發怒了，特意降禍於人間，要去宗廟祭祀，要宰牛殺羊拜神，才能消災避禍。

太史令①張衡的心情也極不平靜。眼見百姓受到的

小知識

①**太史令**：掌管曆法、觀測記錄天文氣象的官員。

災難，他痛心、他歎息，但他不信鬼神，他知道這地震是一種自然現象，不是任何人或神能控制的，但能否準確地測到地震，甚至能在事先預報給大家呢？

從公元96年開始，這洛陽和隴西一帶已發生過多次大地震。每次地震發生後，地方官都要立即向京城報告，由太史令張衡把情況記錄下來，所以張衡手頭有着很詳細的資料。他對這些記錄下來的歷次地震現象經過細心的考察和多次試驗，終於在公元132年發明了一個測報地震的儀器，叫做地動儀。

地動儀是用青銅製的，形狀像一隻大酒壜，內部安裝了機關，四周鑲着八條龍，龍頭朝着不同的方向。龍嘴是活動的，內含一顆小銅球；每個龍頭下面各蹲着一隻張口望天的青蛙。哪個方向發生了地震，中間的銅柱會朝那方向擺去，牽動橫桿把龍頭提起，這時龍嘴張開，銅球就會自動落到下面青蛙的嘴裏，人們就知道哪個方向發生地震了。

第二年的四月，值班人員聽到「噹」的一聲，看見有隻青蛙的嘴裏銜着銅球。這一天洛陽城裏果然感覺到輕微的地震，時間相符。

公元138年二月的一天，地動儀西北角的龍嘴裏又

吐出了銅球，但是洛陽城裏絲毫也沒感到地震，人們以為這地動儀不靈了。

不料第四天有人騎馬來報告說，隴西一帶發生了大地震，時間正好是銅球下落的時間。因為兩地相距遠，洛陽的人感覺不到，而地動儀卻測出來了！

這台中國最早的能測地震方向的地動儀，也是世界上最早的測地震的科學儀器，直到一千多年後，歐洲才發明了類似的地震儀。

這位偉大的發明家張衡究竟是什麼樣的人呢？

張衡是河南南陽人，從小就刻苦學習，尤其愛好探究天地的秘密。十七歲時他出外遊歷，訪師求學，曾在洛陽太學裏讀過書，後來先在南陽當**主簿**①，三十二歲那年被召到洛陽任職，四年後當了太史令。

張衡對天文學一向很有興趣，在觀測天文氣象時，他常常思考這些問題：天是什麼形狀的？地是怎麼樣的？日月星辰是怎樣運行的？

經過他的觀察研究，他斷定地球是圓的，好像一個蛋黃被天包在中間，天就好比是蛋殼；月亮是借太陽的照射才反射出光來，月亮對着太陽是滿月，背着太陽時就看不見。他還統計出較亮的星星有二千五百顆，這與

現代天文學家統計的數字相符，這在當時是相當驚人的了！

公元117年，張衡根據他的「渾天說」原理，製造了一隻精確的渾天儀，那是一個直徑長八尺的空心大銅球，球外表刻有日月星辰和二十四個節氣。他設法用水力來轉動銅球，速度相當於地球自轉。如此，渾天儀旋轉時，刻在它上面的天象就依次表示出來，和天體上星球的運動十分相像，所以人坐在室內就可以從渾天儀上看到天體運行的情況。這是世界上第一台自動天文儀器。

張衡還把他對天文學的研究成果寫了一部書，並繪製了我國第一張星圖。

除此以外，張衡還曾用木頭做了一隻會飛的鳥，可惜它的製作方法沒有流傳下來。他又製作了一種測定風向的儀器——候風儀，又叫**相風銅鳥**②，它和十二世

小知識

①**主簿**：一種辦理文書事務的官職。

②**相風銅鳥**：測定風向的儀器，在五丈高的竿頂上安放一隻銜花的銅鳥，可以隨風向轉動。鳥頭所對，便是風的方向。

紀才在歐洲出現的候風雞相似；為了計算車輛行過的里程數，他又設計了「**記里鼓車**①」，這是現代汽車里程表的前身。

張衡不但是位傑出的科學家，也是位多才多藝的文學藝術家。他曾用十年時間寫成和修改了《**二京賦**②》兩篇文學作品，他畫的畫也很出色，被譽為東漢四大名畫家之一。

你或許要問，張衡為什麼能取得這麼偉大的成就？這完全是因為張衡具有虛心好學，認真鑽研的治學

小知識

①**記里鼓車**：一種兩層馬車，上層放一鼓，鼓旁站着的兩個木人，手握鼓棒；頂上掛銅鐘，旁邊也有兩個手握鐘槌的木人。每行一里，木人擊鼓一次；每行十里，木人敲鐘一次。因為車輪周長是一丈八尺，轉一百圈就是一百八十丈，正好是一里。再加幾個齒輪，用同樣的原理，使小木人每十里敲鐘一次。

②**二京賦**：張衡寫的兩篇文學作品《西京賦》和《東京賦》的總稱，描寫當時長安和洛陽的繁榮，王公貴族的驕奢淫逸生活，據說他反復修改，共花了十年功夫寫成。

態度。雖然他年紀輕輕就已是一個學識淵博的學者，但他一點也不驕傲，仍然虛心向別人的長處學習；為了繼續求學，他還幾次推辭了做官的機會。他常對別人說：「一個人不愁自己地位不高，而是應當擔心自己的道德品質不夠高尚；一個人也不愁自己得到的報酬太少，而是應當擔心自己的學問知識不夠廣博。」所以他孜孜不倦地追求學問，永不滿足。他的鑽研精神極強，為了解決一個問題，製造一種儀器，他常常可以一連幾天不間斷地工作，直到成功為止。所以他如此博學多才，成果纍纍，完全是艱苦學習和努力實踐的結果。

為了表彰張衡在天文學方面的貢獻，國際天文學會以他的名字命名月球上的一座**環形山**①，中國紫金山天文台也將發現的一顆小行星命名為「張衡」。人們將世世代代記住張衡這個名字。

小知識

①**環形山**：分布在月球表面的圓口山，環形山一般以著名學者和科學家的名字命名。月球背面共有四座環形山是以中國古代科學家的名字來命名的，他們是戰國時的石申，東漢的張衡，南北朝的祖沖之，元朝的郭守敬。

大事表

秦朝	
公元前207年（秦二世三年）	劉邦入咸陽，約法三章，秦朝亡。
西漢	
公元前206年（漢高祖元年）	項羽殺子嬰，自立為西楚霸王，劉邦為漢王，楚漢相峙開始。 匈奴單于冒頓統一北方各遊牧民族。
公元前202年（漢高祖五年）	垓下之戰，項羽敗死烏江，楚漢戰爭結束。劉邦即帝位，建立西漢，建都長安。
公元前188年（漢惠帝七年）	惠帝死，少帝即位，呂后掌權。
公元前179年（漢文帝元年）	呂后死，文帝即位。
公元前156年（漢景帝元年）	景帝即位。
公元前154年（漢景帝三年）	吳楚七國之亂，為太尉周亞夫所平。
公元前140年 （漢武帝建元元年）	景帝死，漢武帝劉徹即位，罷黜百家，獨尊儒術。
公元前138年 （漢武帝建元三年）	張騫第一次出使西域。

注：公元前179年至前141年間，文、景二帝的統治時期稱為「文景之治」。

公元前127年 （漢武帝元朔二年）	衞青伐匈奴，奪回河南地。
公元前121年 （漢武帝元狩二年）	霍去病伐匈奴，奪回河西地。
公元前119年 （漢武帝元狩四年）	衞青、霍去病合力打敗匈奴主力，匈奴退至大沙漠西北。 實行鹽官營。 張騫第二次出使西域。
公元前113年 （漢武帝元鼎四年）	實行貨幣專鑄，統一使用五銖錢。
公元前111年 （漢武帝元鼎六年）	南方越族和西南各族地區設郡。
公元前109年 （漢武帝元封二年）	治理黃河。
公元前106年 （漢武帝元封五年）	全國分設十三州刺史部。
公元前104年 （漢武帝太初元年）	司馬遷作《史記》，約公元前91年完成。
公元前100年 （漢武帝天漢元年）	蘇武被匈奴所拘。
公元前89年 （漢武帝征和四年）	搜粟都尉趙過實行代田法，推廣牛耕。
公元前60年 （漢宣帝神爵二年）	設立西域都護府。

公元前51年 （漢宣帝甘露三年）	匈奴呼韓邪單于歸附漢朝。
公元前33年 （漢元帝竟寧元年）	王昭君嫁與呼韓邪單于。
新朝	
公元8年（孺子嬰初始元年）	王莽代漢，建立新朝。
公元9年（王莽始建國元年）	王莽改制。
公元17年（王莽天鳳四年）	綠林農民起義。
公元18年（王莽天鳳五年）	山東赤眉軍起義。
公元23年（漢劉玄更始元年）	綠林軍擁立劉玄稱帝，年號更始，在位三年。 昆陽大戰，王莽被殺。
公元24年（漢劉玄始更二年）	綠林軍入長安，新朝亡。
東漢	
公元25年（劉盆子建世元年、漢光武帝建武元年）	赤眉軍立劉盆子為帝，在位三年。攻佔長安，殺劉玄。 劉秀重建漢朝，定都洛陽，為光武帝，東漢開始。
公元48年 （漢光武帝建武二十四年）	匈奴分裂成南北二部，南匈奴附漢，北匈奴部分人畜西遷。
公元67年（漢明帝永平十年）	天竺兩沙門隨漢使到洛陽傳布佛教。

公元69年 （漢明帝永平十二年）	治黃河，修汴渠。
公元75年 （漢明帝永平十八年）	大將軍竇固伐匈奴。班超出使西域，後任西域都護。
公元105年 （漢和帝元興元年）	蔡倫改進造紙技術成功。
公元132年 （漢順帝陽嘉元年）	張衡發明地動儀。
公元166年 （漢桓帝延熹九年）	黨錮之禍開始。
公元170至188年 （漢靈帝建寧三年至中平五年）	張角「太平道」盛行。
公元184年 （漢靈帝中平元年）	張角領導黃巾農民大起義。

中國人的故事 （共6冊）

學習名人品德與精神　幫助孩子步向成功

56位中國古今名人的成功故事

適讀年齡
9歲或以上

榮獲第二十七屆
冰心兒童圖書獎

名醫和藥學家的
高明

領袖和改革家的
視野

發明家和工程師的
努力

詩人和小說家的
才華

將軍和兵法家的
勇謀

現代科學家的
毅力

系列特色

擴闊孩子視野

讓讀者了解中國六大範疇的發展與成就，六大範疇
包括：政治、發明、科學、軍事、醫學、文學。

了解名人故事

講述古今中國共 56 位在不同範疇有非凡成就的佼佼
者的故事，學習他們成功背後的秘訣。

學習提升自我

透過名人的故事，培養孩子的品德，學習精益求精、
堅毅不屈的精神，幫助孩子步向成功。

內容程度適中

用字淺白，配以精美插圖，符合高小學生的閱讀能
力，並能提升閱讀興趣。

中國歷史之旅（二版）

漢家天下

作　　者：宋詒瑞
繪　　圖：野　人
責任編輯：陳志倩
美術設計：李成宇
出　　版：新雅文化事業有限公司
　　　　　香港英皇道 499 號北角工業大廈 18 樓
　　　　　電話：(852) 2138 7998
　　　　　傳真：(852) 2597 4003
　　　　　網址：http://www.sunya.com.hk
　　　　　電郵：marketing@sunya.com.hk
發　　行：香港聯合書刊物流有限公司
　　　　　香港新界大埔汀麗路 36 號中華商務印刷大廈 3 字樓
　　　　　電話：(852) 2150 2100
　　　　　傳真：(852) 2407 3062
　　　　　電郵：info@suplogistics.com.hk
印　　刷：美雅印刷製本有限公司
　　　　　九龍觀塘榮業街 6 號海濱工業大廈 4 字樓 A 室
版　　次：二〇一七年十二月二版
　　　　　二〇二四年九月第三次印刷
版權所有‧不准翻印

ISBN: 978-962-08-6896-2
© 1997, 2017 Sun Ya Publications (HK) Ltd.
18/F, North Point Industrial Building, 499 King's Road, Hong Kong
Published in Hong Kong SAR, China
Printed in China